Die Professoren des Instituts für Geographie der Justus-Liebig-Univerität (Hrsg.)
Gießener Geographische Manuskripte, Band 7

Kerstin Neeb, Ulrike Ohl, Johanna Schockemöhle (Hrsg.)

Hochschullehre in der Geographiedidaktik

Wie kann die Ausbildung zukünftiger Lehrerinnen und Lehrer optimiert werden?

Shaker Verlag
Aachen 2013

Gießener Geographische Manuskripte

Die Professoren des Instituts für Geographie
der Justus-Liebig-Universität Gießen (Hrsg.)

Band 7

Kerstin Neeb, Ulrike Ohl, Johanna Schockemöhle (Hrsg.)

Hochschullehre in der Geographiedidaktik

Wie kann die Ausbildung zukünftiger
Lehrerinnen und Lehrer optimiert werden?

Shaker Verlag
Aachen 2013

Bibliografische Information der Deutschen Nationalbibliothek
Die Deutsche Nationalbibliothek verzeichnet diese Publikation in der Deutschen
Nationalbibliografie; detaillierte bibliografische Daten sind im Internet über
http://dnb.d-nb.de abrufbar.

Copyright Shaker Verlag 2013
Alle Rechte, auch das des auszugsweisen Nachdruckes, der auszugsweisen
oder vollständigen Wiedergabe, der Speicherung in Datenverarbeitungs-
anlagen und der Übersetzung, vorbehalten.

Printed in Germany.

ISBN 978-3-8440-2012-0
ISSN 2190-5282

Shaker Verlag GmbH • Postfach 101818 • 52018 Aachen
Telefon: 02407 / 95 96 - 0 • Telefax: 02407 / 95 96 - 9
Internet: www.shaker.de • E-Mail: info@shaker.de

Inhalt

C. Neeb, U. Ohl, J. Schockemöhle: Wege zur Optimierung der geographiedidaktischen Hochschullehre   8

1 Lehramtsausbildung – Anforderungen und Herausforderungen

A. Uhlenwinkel: To see the world with a different view – den Übergang von der Alltagsperspektive zur Wissenschaftsperspektive gemeinsam gestalten   13

M. Lößner: Warum werde ich Geographielehrer/-lehrerin? Eine Analyse der Einflussfaktoren auf die Berufswahl im internationalen Vergleich zwischen Polen und Deutschland. Ergebnisse der Vorstudie und Konzeption der Hauptstudie.   22

2 Theorie-Praxisbezüge

M. Lindner, A.-K. Lindau: Die Veranstaltungsform des Projektseminars zur Förderung der Kompetenzentwicklung bei Lehramtsstudierenden   30

K. Hölscher, G. Ringel: Geographicus – die Erde entdecken. Ein Best-Practice-Beispiel für die geographische Ausbildung zukünftiger Grundschullehrkräfte   38

3 Subjektzentrierung

D. Kanwischer, I. Gryl: Raumtheorie und Biographie. Didaktische Handlungsperspektiven für die Hochschullehre   44

H. Jahnke, B. Schröder, K. Hoffmann: Einsatz von Lerntagebüchern in der Geographielehrer_innenbildung. Erfahrungen auf der Grundlage theoriegeleiteter Lehrveranstaltungen an der Universität Flensburg   54

4 BNE in der Lehramtsausbildung

R. Tanner: Bildung für Nachhaltige Entwicklung an Universität und Lehrerinnen- und Lehrerbildung. Eine Kooperation zwischen der Pädagogischen Hochschule Bern (PH Bern) und dem Centre for Development and Environment (CDE) der Universität Bern   63

5 Projektorientierte Lehre

Y. Heinrich Schoch, M. Hürlimann, M. Reuschenbach: Didaktische Rekonstruktion hautnah. Theorie und Praxis in der Ausbildung von Sekundarlehrerinnen und Sekundarlehrern   71

6 Audiovisuelle Medien

M. Dickel, F. Pettig: Das Städtische im Film. Videographie in der geographiedidaktischen Lehre   80

C. Baumann: Handlungsorientierte Integration von Film in die geographische Lehre. Überlegungen und ein Umsetzungsbeispiel — 88

7 Mobiles Lernen

N. Brendel, G. Schrüfer: Mobiles Lernen und Web 2.0 in der Ausbildung von Geographielehrer/-innen. Von der Chance zur Förderung einer neuen Lernkultur in der universitären Lehrerbildung — 97

B. Feulner: Nutzung und Einsatz mobiler Endgeräte in der Lehramtsausbildung. Mobiles ortsbezogenes Lernen mit Geogames — 105

8 Exkursionsdidaktische Impulse

A. Budke, F. Aksit, M. Kukuck: Connecting specialist, methodical, didactic and intercultural knowledge on geographic field trips in teacher training. The example of an exchange field trip to Turkey — 113

A. Schneider: Vom Wert der geographischen Frage. Erfahrungen aus einem Studienprojekt auf Sylt — 123

M. Hemmer, K. Miener: Schülerexkursionen konzipieren und durchführen lernen. Förderung exkursionsdidaktischer Kompetenzen in der Geographielehrerausbildung an der Universität Münster — 130

A. Lindau, A. Finger: Uni macht Schule – Studierende organisieren für Schülerinnen und Schüler eine geographisch-biologische Exkursion — 138

9 Geo- und umweltwissenschaftliche Kompetenzen

J. Bertsch, G. Falk: Geographiedidaktik goes abroad ... Konzeption, Implementierung und Evaluation eines Studienmoduls zur Didaktik und Methodik der Geo- und Umweltwissenschaften an der PH Freiburg und der Rajshahi University, Bangladesh — 146

Die Tagungsteilnehmer vor dem Neuen Schloss in Gießen

Kerstin Neeb, Ulrike Ohl, Johanna Schockemöhle
Wege zur Optimierung der geographiedidaktischen Hochschullehre

„Neue Lehrer braucht das Land" titelte einst das Magazin STERN und verlangte nach engagierten, gut ausgebildeten Pädagogen, die fachlich versiert auf dem Stand moderner Didaktik die Schrecken vergessen machen, die die PISA-Studien im Jahr 2002 bundesweit auslöste. Die Folgen dieser und anderer Studien mit ähnlich unbefriedigenden Ergebnissen waren unübersehbar. Eine Flut inner- und interschulischer Vergleichstests und anderer Analyseinstrumente überrollte Schülerinnen und Schüler aller Schulformen und Fächer. Auf Bundes- und Landesebene wurde heftig unter den beteiligten Akteuren (Ministerien, Fachdidaktiken und Schulen) diskutiert, wie Schülerinnen und Schüler darin unterstützt werden können, sich von eher passiv rezipierenden zu stärker aktiv denkenden und handelnden Lernenden weiter zu entwickeln.

Ein formaler Konsens wurde durch die Konzeption der Nationalen Bildungsstandards erreicht, die mittlerweile auch auf Landesebene umgesetzt werden. Doch wie sieht der Alltag an den Schulen heute tatsächlich aus? Noch immer unterrichten mehrheitlich die gleichen Lehrerinnen und Lehrer wie zur Zeit der ersten PISA-Studie. Eine Veränderung des Lehrstils kann hier nicht als selbstverständlich vorausgesetzt werden. Erfahrene Pädagogen wurden unter anderen didaktischen Vorzeichen ausgebildet und haben sich mittlerweile infolge langjähriger Lehrerfahrungen den Gegebenheiten und Rahmenbedingungen des Unterrichtens angepasst und ihren individuellen Stil entwickelt. Neue Impulse kommen meist durch den Nachwuchs, d.h. junge Lehrerinnen und Lehrer, an die Schulen, die im besten Falle als Multiplikator der Didaktik wirken, die sie in ihrer Ausbildung erlernt haben.

Im deutschen zweistufigen Ausbildungssystem von Studium und Referendariat ist häufig eine deutliche Trennung zwischen einer vorwiegend theoretischen, fachwissenschaftlich orientierten Ausbildung mit mehr oder weniger didaktischen Aspekten an den Universitäten und Hochschulen sowie einer praxisbegleitenden Vermittlung unmittelbar anwendbarer didaktischer Inhalte während des Referendariats erkennbar. Eine Sonderstellung nehmen die Pädagogischen Hochschulen des Landes Baden-Württemberg ein, die für Studierende des Grund-, Haupt- und Realschullehramtes eine stärkere Praxisorientierung bereits im Studium in den Vordergrund stellen.

„Teachers teach as they were taught, not as they were taught to teach" (ALTMANN 1983, S. 24).

Auch wenn es grundsätzlich schwierig ist, im Rahmen einer Ausbildung Lehrerpersönlichkeiten und Handlungsgewohnheiten zu beeinflussen, scheint doch eine stärkere Praxisorientierung bereits im Studium die größte Chance in sich zu tragen, tatsächlich eine gewisse Wirkung entfalten zu können – ganz im Sinne des erfahrungsbasierten Lernens. Insofern zeigt die Integration längerer Praxisphasen in die universitäre Lehrerausbildung, wie sie in verschiedenen Bundesländern aktuell geplant oder bereits umgesetzt wird, in die richtige Richtung. Denn nur wenn entsprechende Impulse und Handlungsräume für praktische Erfahrungen bereits während des Studiums gesetzt werden, kann eine Symbiose zwischen gelehrter und gelebter Didaktik entstehen, kann eine theorie- und forschungsbasierte Planung und Reflexion von Unterricht gefördert werden. Doch auch in diesem Prozess bleiben bisher viele Fragen zur professionsorientierten Gestaltung der Hochschullehre im Zusammenhang mit einer stärkeren Praxisorientierung und der gelingenden Verzahnung von Theorie und Praxis offen. Ergebnisse der empirischen Lehr-Lernforschung zeigen, dass Lernsituationen, in denen der Anteil von Verhaltensaktivitäten dominiert, Ressourcen für kognitive Aktivitäten begrenzen und somit eine theoriebasierte Beobachtung und Reflexion eher behindern als fördern. Der schwierige Anspruch an die universitäre Lehrerausbildung ist demnach, Lerngelegenheiten zu schaffen, die eine gelingende, ausbalancierte Verknüpfung von Theorie und Praxis leisten können (KUNTER 2011).

An dieser Stelle sind auch Vertreter und Hochschullehrende in der Geographiedidaktik gefordert, durch eine entsprechende Gestaltung ihrer Lehrveranstaltungen den Ansprüchen einer zeitgemäßen Lehrerbildung zu folgen. Es gilt, mit angemessenen Inhalten und Methoden und auf Basis von Forschung berufsfeldbezogene Kompetenzen bei Studierenden zu entwickeln und die künftigen Lehrerinnen und Lehrer durch einen geeigneten Lehrstil an der Hochschule für die spätere Anwendung einer modernen Geographiedidaktik zu motivieren und zu qualifizieren.

Doch wie sehen qualitativ hochwertige Lehrveranstaltungen aus? Konkrete Anleitungen für einen guten Unterricht liegen für junge Lehrerinnen und Lehrer leider ebenso wenig vor wie für Lehrende an Universitäten und Hochschulen. Die empirische Lehr-Lernforschung kann bisher noch zu wenige Hinweise darauf geben, wie welche Lehrerbildungsmaßnahmen wirken (TERHART 2013), als dass sie als Grundlage für die Gestaltung der eigenen Hochschullehre genutzt werden können. Gleichwohl zeigen aktuelle Studien für den Bereich der Mathematiklehrerausbildung zumindest, dass eine intensive fachliche und fachdidaktische Ausbildung von Lehrkräften zu besseren Mathe-Lernergebnissen ihrer Schülerinnen und Schüler führt (BLÖMEKE et al. 2011). Doch die Frage des Wie bleibt in Bezug auf Inhalte, Medien und Methoden in Lehrveranstaltungen nach wie vor offen.

Kreativität und Improvisationstalent sind demzufolge wertvolle Hilfen, um durch die sukzessive Optimierung der eigenen Lehrveranstaltungen dem Ziel einer qualitativ hochwertigen Lehrveranstaltung näher zu kommen. Letztendlich sind Lehrende bei der Konzeption ihrer Veranstaltungen jedoch häufig auf sich allein gestellt. Einerseits werden ähnliche Konzepte von verschiedenen Seiten mehrfach entwickelt und/oder neue Ideen verkümmern teils in ihrem Ansatz, weil Impulse für eine Umsetzung fehlen bzw. aus Zeitnot und anderen Gründen nicht realisiert werden können. Andererseits verbleiben gute Lehrkonzepte häufig ohne Beachtung von außen an einer Institution, obwohl ein Transfer an andere Universitäten und Hochschulen durchaus einen wertvollen Beitrag zur Verbesserung der Lehre darstellen könnte. Um eine Multiplikation entsprechender Konzepte auf der Ebene der Lehrenden zu erreichen, ist ein intensiver Dialog zwischen ihnen notwendig, der über den freundschaftlichen Austausch von Lehrkonzepten hinausgeht. Ein Instrument, um dies zu erreichen, stellen fachdidaktische Tagungen dar, die sich mit der beschriebenen Problematik auseinandersetzen und einen Beitrag zur Weiterentwicklung leisten können. Der vorliegende Band dokumentiert den Versuch, im Rahmen einer solchen Tagung mit zahlreichen Lehrenden im Bereich der Geographiedidaktik ins Gespräch über die Anforderungen und die Optimierungsmöglichkeiten im Bereich der fachdidaktischen Ausbildung an der Hochschule zu kommen. Vom 14.-15. März 2013 trafen sich an der Universität Gießen über 60 Vertreter der Geographiedidaktik. Äußerst unterschiedliche Tagungsbeiträge lieferten wertvolle Impulse für den Austausch, aber auch zum Überdenken eigener Lehrgewohnheiten.

In der Diskussion traten in Gießen unterschiedliche Auffassungen darüber zutage, wie ein sinnvolles Theorie-Praxisverhältnis und eine entsprechende gelingende Verzahnung im Studium aussehen sollte, um den zukünftigen Lehrerinnen und Lehrern die bestmöglichen Voraussetzungen für ihr späteres Tun mitzugeben. Weitere kontroverse Debatten bezogen sich beispielsweise auf die Frage, wo die Grenze zwischen *high teach* und *high tech* beim Einsatz moderner Medien in der fachdidaktischen Qualifikation liegt oder inwiefern die vermittelten Inhalte eindeutige Bezüge zum Geographischen aufweisen. So setzen die folgenden Beiträge sehr unterschiedliche Akzente in ihren jeweiligen Lehransätzen. Zumeist handelt es sich um *best-practice*-Beispiele, die Anregungen für die eigene Lehre darstellen können.

Anke Uhlenwinkel und Marten Lößner fokussieren mit ihren Beiträgen Anforderungen und Herausforderungen in der Lehrerausbildung. Während Uhlenwinkel dafür plädiert, die Alltagsperspektive der Studierenden stärker in der wissenschaftlich orientierten Ausgestaltung der Lehrveranstaltungen zu berücksichtigen und zu diesem Zweck den Blick über den deutschsprachigen Tellerrand hinaus wagt, fragt Marten Lößner nach den Voraussetzungen, die Lehramtsstudierende mitbringen, und an die die Hochschullehre anknüpfen muss, wenn sie die Lernenden an den Hochschulen erfolgreich ansprechen will. Dazu stellt Lößner eine empirische Studie vor.

Um konkrete Beispiele für eine enge Theorie-Praxis-Verzahnung handelt es sich bei den Beiträgen von Anne-Kathrin Lindau und Martin Lindner sowie von Karin Hölscher. Mit dem ersten *best-practice* Beispiel beschreiben Lindau und Lindner Organisation, Ablauf, Inhalte und Bewertung eines projektorientierten Seminars zur Mediendidaktik. Die zweite *best-practice* bezieht sich auf ein langjähriges Projekt zwischen Hochschule und Grundschulen in der Region Freiburg, in welchem Studierende Lernangebote für Grundschüler entwickeln und durchführen. Darüber berichtet Karin Hölscher.

Die beiden folgenden Beiträge verdeutlichen anhand von subjektzentrierten Seminarkonzepten, wie eine explizite Teilnehmerzentrierung die Hochschullehre bereichern kann. Detlef Kanwischer und Inga Gryl zeigen Ansätze auf, wie die biographische Selbstreflexion von Studierenden gezielt in Lernprozessen fruchtbar gemacht werden kann, u.a. am Beispiel der Auseinandersetzung mit Raumtheorien. Holger Jahnke, Birte Schröder und Katharina Hoffmann erproben in der Lehre den Einsatz von Lerntagebüchern, welche die Reflexion der Studierenden über ihre eigenen Lernprozesse stärken sollen. In ihrem Beitrag erörtern sie die diesbezüglichen Potenziale auf Basis ihrer Erfahrungen.

Rolf Tanner skizziert Möglichkeiten für eine stärkere Integration von Bildung für nachhaltige Entwicklung in die Lehrerausbildung. Er zeigt das vielseitige Potenzial des Ansatzes der nachhaltigen Kulturlandschaft auf und stellt in seinem Beitrag insbesondere den Theoriebezug des Ansatzes heraus.

Die Umsetzung projektorientierter Lehre beleuchten auch Yvonne Heinrich, Michael Hürlimann und Monika Reuschenbach, die anhand des Themas didaktische Rekonstruktion mit einem *best-practice* Beispiel aufzeigen, wie Studierende theoriebezogen praktische Erfahrungen sammeln können.

Mirka Dickel und Fabian Pettig stellen die Konzeption eines geographiedidaktischen Projektseminars vor, in dem Studierende Kurzfilme für den Einsatz im Geographieunterricht erstellten. Die Filme widmeten sich unterschiedlichen kulturgeographischen Fragen. Als konzeptionelle Leitlinie diente dabei Lefebvres Theorie der Produktion des Raumes. Christoph Baumann stellt zunächst Überlegungen zum Verhältnis von Geographie, (audio-)visuellen Medien und der Hochschullehre an und zeigt dann ein handlungsorientiertes Seminarkonzept auf, bei dem die Studierenden ebenfalls eigene Filme erstellten. Ziel beider Ansätze war u.a., bei den Studierenden ein reflektiertes Bewusstsein für mediale Geographien (weiter) zu entwickeln und ihnen den Aufbau eigener Perspektiven zum Raum zu ermöglichen.

Nina Brendel beschäftigt sich mit der digitalen Sozialisation von Kindern und Jugendlichen und den damit verbundenen Chancen, die mobiles Lernen – unter Verwendung mobiler Endgeräte wie Tablets oder Smartphones – für den Geographieunterricht wie auch für die Lehre in der Geographiedidaktik bietet. Barbara Feulner stellt die Potenziale speziell ortsbezogenen mobilen Lernens anhand eines Seminarkonzepts vor, bei dem Studierende mit Schülern den außerschulischen Lernort Textilviertel Augsburg im Rahmen eines sog. Geogames unter Verwendung von Smartphones erkunden.

Im Bereich der Exkursionsdidaktik präsentiert Antje Schneider einen Beitrag zum Wert einer lohnenden geographischen Frage und der Suche nach ihr. Auf der Basis ihrer Erfahrungen im Rahmen eines Studienprojekts auf Sylt wird dargestellt, wie unter Berücksichtigung des Spurenparadigmas und der Dialogizität die Suche nach der geographischen Frage kultiviert werden kann.

Alexandra Budke und Fisun Aksit stellen ein Konzept zur Verbindung von fachlichem, methodischem, didaktischem und interkulturellem Lernen auf geographischen Exkursionen in der Lehrerbildung vor. Das Beispiel einer Austauschexkursion in die Türkei liefert eindrucksvolle Belege für interkulturelles geographisches Lernen voneinander und miteinander und zeigt Perspektiven für die Lehrerbildung in beiden Ländern auf.

Im Mittelpunkt des Beitrags von Michael Hemmer und Kim Miener steht ein mehrphasiges Ausbildungskonzept zur Förderung exkursionsdidaktischer Kompetenzen in der Lehrerbildung. Anhand eines Studienprojekts zur Thematik des Städtetourismus' in Berlin werden die einzelnen Phasen des Konzepts konkretisiert. Anne-Kathrin Lindau widmet sich einem biologisch-geographischen Exkursionsprojekt, in dem eine Kooperation zwischen universitärer Lehrerbildung und Schulpraxis aufgezeigt wird. Das unterschiedliche Kompetenzempfinden der beteiligten Studierenden sowie Schülerinnen und Schüler infolge verschiedener Organisationsformen verdeutlicht spezifische Vor- und Nachteile der vorgestellten Exkursionskonzeptionen.

Johannes J. Bertsch und Gregor Falk vermitteln vertiefende Einblicke in ihre Erfahrungen mit der Konzeption, Implementierung und Evaluation eines Studienmoduls zur Didaktik und Methodik der Geo- und Umweltwissenschaften, welches sie an der Pädagogischen Hochschule Freiburg in Kooperation mit einer Partneruniversität in Bangladesch – auch vor Ort im Gastland und unter Einbezug von Studierenden und Lehrenden – realisieren.

Literatur:

ALTMAN, H. B. (1983): Training foreign language teachers for learner-centered instruction: Deep structures, surface structures and transformations. In: ALATIS, J. E., STERN, H. H., STREVENS, P. (Ed.): Applied linguistics and the preparation of second language teachers: Toward a Rationale. Washington, D.C.

BLÖMEKE, S., BREMERICH-VOS, I., HAUDECK, H., KAISER, G., LEHMANN, R., NOLD, G., SCHWIPPERT, K., WILLENBERG, H. (Hrsg.) (2011): Kompetenzen von Lehramtsstudierenden in gering strukturierten Domänen. Erste Ergebnisse aus TEDS-LT. Münster.

KUNTER, M. (2011): Theorie meets Praxis in der Lehrerbildung – Kommentar. Erziehungswissenschaften 22, H. 43, S. 107-112.

TERHART, E. (2013): Erziehungswissenschaften und Lehrerbildung. Münster.

Anke Uhlenwinkel
To see the world with a different view –
den Übergang von der Alltagsperspektive zur Wissenschaftsperspektive gemeinsam gestalten

Mit der neuen Studienordnung für die Lehrämter wurde die Fachdidaktik im Rahmen des Geographiestudiums an der Universität Potsdam völlig neu strukturiert. Ziel ist es, (1) die Studierenden dort abzuholen, wo sie sind (nämlich oft bei dem Wunsch nach Methodentraining), sich (2) auf die vorgegebene Struktur der Praktika zu beziehen und (3) die Studierenden dort hinzubringen, wo sie am Ende sein sollen (bei einer theoretisch reflektierten Praxis). Darüber hinaus sollen in einem integrierten Eingangsmodul Fachdidaktik, physische Geographie und Humangeographie so integriert werden, dass für die Studierenden der innere Zusammenhalt des Schulfaches und die Beziehungen zwischen Fach- und Schulwissen deutlich werden. Zu diesem Zweck wurde auf theoretisch vielversprechende Ansätze aus dem europäischen Ausland, insbesondere aus Großbritannien und aus Frankreich, zurückgegriffen.

1 Das Problem

In geographiedidaktische Veranstaltungen kommen Studierende oft mit der Erwartung, dass sie hier schnell praktikable Rezepte für den Unterricht lernen können. Veranstaltungen zu aktivierenden Methoden stehen dabei genauso hoch im Kurs wie Exkursionsplanung oder auch Leistungsmessung. Allerspätestens in den Modularbeiten macht sich allerdings oft ein deutlicher Mangel an fachwissenschaftlicher Anbindung deutlich. Im Extrem führt das dazu, dass in einem Unterrichtsentwurf vorgeschlagen wird, nach einer Stunde zur Einführung in das Thema, vier Stunden zur Recherche und zwei weitere Stunden zur Präsentation der Ergebnisse vorzusehen. Der Inhalt wird in der ersten Stunde über eine Definition und mehrere Bilder aus dem Internet erschlossen. Eine Fragestellung gibt es nicht. In der Spalte ‚Lerngegenstand und inhaltlicher Schwerpunkt' erscheint dann in den Folgestunden konsequent die Formulierung ‚Recherche, Gruppenorganisation und Feedback'. Geht man mit MARSDEN (1997) davon aus, dass guter Unterricht sich durch eine ausgewogene Balance von Fachinhalten in Form konzeptueller Vorstellungen, pädagogischen Prozessen und gesellschaftlichen Zielsetzungen auszeichnet, dann ist hier ein deutliches Ungleichgewicht zuungunsten der Inhalte festzustellen. Offensichtlich gelingt es der akademischen Disziplin kaum, den Studierenden eine wissenschaftlich fundierte fachliche Identität zu vermitteln. Stattdessen findet sich selbst bei Fünft- oder Sechstsemestern ein durch Alltags- und Schulwissen geprägtes Verständnis des Faches, das oft ohne jeden fachwissenschaftlichen Theoriehintergrund auskommt. Der für ein fundiertes Fachverständnis notwendige epistemologische Bruch, der Alltagswissen in wissenschaftliches Wissen transformiert, findet weder in der Schule noch in der Universität statt.

2 Der Kontext

Dieses Problem wird vermutlich regional unterschiedliche Ausprägungen haben, denn in Deutschland gibt es etwa fünf verschiedene Schulgeographien, die von klassischen regionalen Durchgängen über einen an SCHULTZE (1970) orientierten allgemeingeographischen Ansatz bis hin zu Kombinationen mit dem Fach Wirtschaft reichen (UHLENWINKEL 2013c). In Brandenburg wird Geographie in einer regionalen Abfolge unterrichtet, die von Deutschland über Europa und Asien bis nach Amerika und Australien führt (MBJS 2008). Dieser weitgehend in den 1950er Jahren verhaftete Zugang macht es außerordentlich mühsam, den Unterricht an neueren fachwissenschaftlichen Erkenntnissen zu orientieren. Vom Lehrplan wird diese Schwierigkeit implizit sogar anerkannt, denn viele Spezifizierungen von Themen, wie etwa ‚Die Schülerinnen und Schüler beschreiben den Natur- und Siedlungsraum Berlin/Brandenburg und stellen diese [sic!] in einer Lageskizze dar' verlangen gar nicht erst nach einem fachwissenschaftlichen Hintergrund; ein Atlas reicht hier völlig aus. Noch deutlicher wird der fehlende fachliche Zugang allerdings bei einem der wenigen allgemeingeographisch formulierten Themen des Lehrplans. Das Thema Nachhaltigkeit wird u. a. spezifiziert mit ‚Die Schülerinnen und Schüler erstellen weitgehend selbstständig einen Arbeits- und Zeitplan' oder ‚Die Schülerinnen und Schüler gewinnen themenbezogene Informationen aus unterschiedlichen Quellen (Literatur, Internet, Presse) weitgehend selbstständig, wählen sie zielgerichtet aus und bearbeiten sie'. Hier wird der Inhalt wie in der oben zitierten studentischen Arbeit durch die schlichte Beschreibung eines Arbeitsprozesses ersetzt.

3 Die Antwort

Um diesem Problem zu begegnen, greift die Geographiedidaktik der Universität Potsdam auf Vorstellungen des *thinking geographically* zurück, so wie sie im Manifest *a different view* der britischen Geographical Association formuliert wurden (GA 2009). Im Zentrum des *thinking geographically* stehen geographische Konzepte (UHLENWINKEL 2013a), wobei sowohl die Auswahl der Konzepte als auch die Konzepte selbst einem ständigen Wandel unterworfen sind (TAYLOR 2008). Der im Manifest zitierte PETER JACKSON (2006) nennt z. B. *space* und *place*, Maßstab und Vernetzung, Nähe und Distanz sowie relationales Denken als relevant. Das National Curriculum für die *key stage 3* (vergleichbar unterer SI) geht mit den ersten vier genannten Konzepten *place*, *space*, Maßstab und Vernetzung konform, fügt ihnen aber natürliche und soziale Prozesse, Umweltfragen und Nachhaltigkeit sowie Interkulturalität und Diversität hinzu (GA 2009). Unabhängig von der jeweils konkreten Ausformung der für den schulischen Kontext gedachten Konzepte ist ihr starker Rückbezug auf (angelsächsische) fachwissenschaftliche Diskussionen (vgl. CLIFFORD et. al. 2009) weit deutlicher als in deutschen Lehrplänen.

Im Rahmen der Potsdamer Geographielehrerausbildung werden die geographischen Konzepte über den aktuellen Lehrplan gelegt. Der Rückbezug auch zur deutschen Fachwissenschaft erfolgt über die Erschließung der fachwissenschaftlichen Inhalte mittels der konzeptuellen Ansätze. Für den Unterricht vermittelt wird beides über in Frankreich entwickelte kartographische Darstellungen (REVERT 2012; UHLENWINKEL 2013b).

3.1 Geographische Konzepte

Geographische Konzepte sind im Grunde Denkakte (DELEUZE, GUATTARI 1991), die eine geographische Sicht auf die Welt definieren (LAMBERT, MORGAN 2010). Für den deutschen Kontext, in dem vergleichbare Ansätze weitgehend unbekannt sind, wurde auf die Darstellung von TAYLOR (2008) zurückgegriffen. Sie hat zum einen den Vorteil der leichten Nachvollziehbarkeit und zum anderen nutzt sie (fast) keine Konzepte, die im deutschen Sprachgebrauch anderweitig vorbelastet sind und leicht zu Fehlvorstellungen führen können (etwa die ‚natürlichen und sozialen Prozesse' des National Curriculum). Der Nachteil der Darstellung besteht vor allem darin, dass TAYLOR abweichend von praktisch allen anderen Autoren den Maßstab als Konzept nicht berücksichtigt und statt dessen Zeit als Konzept nutzt. Damit wiederum würde eine der wenigen expliziten Anschlussmöglichkeiten an die deutschen Bildungsstandards (DGFG 2006) verspielt, was zu der Entscheidung geführt hat, TAYLOR in diesem einen Punkt nicht zu folgen. Aus diesen Überlegungen ergibt sich ein konzeptueller Rahmen, der sich aus den drei Basiskonzepten *place*, *space* und Maßstab und den Hilfskonzepten Diversität, Interaktion, Wandel sowie Wahrnehmung und Darstellung zusammensetzt (UHLENWINKEL 2013a). Die drei Basiskonzepte sollen im Folgenden kurz dargestellt werden.

Das Konzept *place* wird als aus drei Komponenten bestehend verstanden: Jeder *place* hat eine (reale oder fiktive) Lage, eine (reale oder fiktive) Materialität und eine Bedeutung (CRESSWELL 2004). Die Bedeutung wird den *places* von Menschen zugeordnet, d. h. es gibt keine *places*, bevor es nicht Menschen gibt, die sie konstruieren. Die den *places* zugewiesen Bedeutungen können sowohl individuell als auch sozial sehr unterschiedlich sein, woraus sich insbesondere im letzten Fall ein Konfliktpotenzial ergeben kann, wenn verschiedene Gruppen denselben Ort mit unterschiedlichen Bedeutungen belegen und ihre jeweilige Interpretation durchsetzen wollen (LAMBERT, MORGAN 2010). Durch die hier implizierte Machtkomponente ergibt sich ein komplexeres Verständnis von *place*, das auch die Relation zu anderen Konzepten, insbesondere zum Basiskonzept Maßstab und zu den Hilfskonzepten Vernetzung sowie Wahrnehmung und Darstellung, thematisiert (BROOKS, MORGAN 2006). Durch den Bezug zu diesen Konzepten wird hervorgehoben, dass sich *places* u. a. auch durch Einflüsse von außen wandeln, was den Übergang zum Konzept *space* bedingt.

Das Konzept *space* setzt sich wie das Konzept *place* aus mehreren Komponenten zusammen. Es beschreibt das Nebeneinander und die Vernetzung von *places* (MAS-

SEY 2005), wobei das Nebeneinander einer Vielzahl sich gleichzeitig ereignender Geschichten mittels der Vernetzung über *power geometries* (MASSEY 1999) dazu führt, dass sie sich gegenseitig beeinflussen und somit jede Geschichte immer nur eine *story-so-far* (MASSEY 2005) ist. *Spaces* können sich in einer Vielfalt von Formen artikulieren. THRIFT (2009) unterscheidet vier Kategorien von *space*: Zunächst gibt es die empirische Konstruktion von *space* in Form von durch Menschen definierte Punkte (z. B. den nullten Kilometer in Madrid), Linien (z. B. in Form des Gradnetzes, ausgehend vom durch Greenwich verlaufenden Nullmeridian) oder Distanzen (z. B. bei der Bestimmung des Meters durch Pierre Mechain und Jean-Baptiste Delambre), die uns heute permanent eine neue Ortsbestimmung durch Navigationssysteme erlaubt. Als klassische Form des Konzepts kann der *flow space* in der Form von Handels-, Finanz-, Informations- und Migrationsströmen angesehen werden. Diese Form ist besonders in den letzten Jahrzehnten erweitert worden durch den nahezu ubiquitären *image space* in Form einer über Fernseh- und Computerschirme ständig präsenten anderen Welt. Insbesondere durch diese letzten beiden Formen von *space* werden *places* weltweit immer wieder auf Neues umgeformt, was zur Bildung von *place spaces* in Form der Integration von Vorgängen im *space* in das individuelle Alltagsgeschehen führt.

Die Beziehungen zwischen *place* und *space* lassen sich oft mithilfe des Konzepts *scale* genauer darstellen. Anders als im deutschen Verständnis von Maßstab ist damit keine rein technische Größenbestimmung gemeint. Das Konzept Maßstab zeichnet sich zum einen durch die Betrachtung der Vernetzung zwischen den Maßstabsebenen aus. Zum anderen spielt wie beim Konzept *place* die Bedeutung eine große Rolle, die den einzelnen Maßstäben durch den Menschen zugeordnet wird (HEROD 2009). Ein allgemein bekanntes Beispiel für eine solche Zuordnung ist der Slogan ‚global denken, lokal handeln', bei dem zwei Maßstabsebenen explizit aufeinander bezogen werden. Die dadurch formulierte Dichotomie entspricht häufig dem Gegensatz abstrakt – konkret (HEROD 2009). Das konkrete Lokale wird zudem oft als vertraut empfunden, während das abstrakte Globale etwas ambivalent sowohl als beruhigend als auch als übermächtig wahrgenommen werden kann (LAMBERT, MORGAN 2010). Durch die Konstruktion entsprechender Bedeutungen mit Hilfe der Maßstabsebenen können sich Individuen positionieren und damit politische Botschaften transportieren. Dieses Konzept von Maßstab lässt sich eher mit dem Wurzelmodell als mit dem für den technischen Maßstab oft genutzten Modell der konzentrischen Kreise darstellen (HEROD 2009).

Zusammen mit den vier Hilfskonzepten und der in den Sozial- und Naturwissenschaften unterschiedlichen Auffassung des Konzepts System bilden diese Ideen die konzeptuelle Grundlage des im Folgenden vorgestellten Integrierten Eingangsmoduls.

3.2 Das Integrierte Eingangsmodul

Das Integrierte Eingangsmodul findet im ersten Studiensemester statt und umfasst sechs Leistungspunkte. Es setzt sich aus zwei Seminaren und einer eintägigen Exkursion zusammen. Die Exkursion ist in das zwei SWS umfassende fachwissenschaftliche Seminar integriert, in dem von einem Dozententeam sowohl physischgeographische als auch humangeographische Ansätze des Faches behandelt werden. Insbesondere wird hierbei der unterschiedliche Systembegriff der beiden Teilbereiche diskutiert. Daneben werden im fachwissenschaftlichen Seminar Techniken wissenschaftlichen Arbeitens vermittelt. Das geographiedidaktische Seminar konzentriert sich auf die Einführung der geographischen Konzepte. Sie werden insbesondere in Bezug auf das im fachwissenschaftlichen Seminar behandelte Thema betrachtet. Im ersten Durchgang haben wir uns auf das gemeinsame Thema Wasserproblematik in Israel geeinigt. Im Folgenden soll insbesondere die Vorgehensweise des fachdidaktischen Seminars genauer dargestellt werden.

Da, wie oben bereits erwähnt, die Erwartungshaltung eines Großteils der Lehramtsanwärter an die Fachdidaktik darin besteht, dass ihnen hier Rezepte des Unterrichtens u. a. in Form des spielerischen Lernens vermittelt werden, erhalten die Studierenden in der ersten Sitzung die Möglichkeit, drei Spiele aus dem Bereich der Freizeitpädagogik zu erproben. Begonnen wird mit einem Arrangement, bei dem jeder Studierende eine große Karteikarte erhält, auf der er oder sie ein Ereignis aus der jüngeren Vergangenheit notieren soll, dass ihn oder sie beeinflusst hat, aber an einem weit entfernten Ort stattfand. Anschließend bilden die Studierenden einen Kreis. Derjenige, der als erstes sein Ereignis erläutert, erhält eine Wäscheleine, die er im Anschluss an seine Darstellung einem anderen Kommilitonen zuwirft, der seinerseits sein Ereignis kurz präsentiert. Mit der Zeit entsteht in der Mitte des Kreises ein kompliziertes Geflecht von Wäscheleine. Bricht man das Spiel hier ab und fragt die Studierenden, wozu man so etwas im Unterricht machen könnte, erhält man eine Menge pädagogischer Antworten, wie Stärkung des Gruppengefühls, jeden zu Wort kommen lassen oder an die Erfahrungen der Schülerinnen und Schüler anschließen. All das ist natürlich nicht falsch, aber in einem fachdidaktischen Seminar geht es ja immer auch um das Fach und so lassen sich hier auch ganz andere Antworten finden, etwa die weltweiten Interdependenzen sichtbar machen oder verstehen, dass, wenn an einem Ort etwas passiert (das Seil wird angehoben), sich an anderen Orten etwas verändert. Oder vom Standpunkt der Fachidentität her: es werden die Konzepte *space*, Maßstab und Vernetzung thematisiert. Ähnliches lässt sich folgend für die anderen beiden Spiele zeigen: Das Inselspiel thematisiert die Konzepte *place*, Diversität und Wandel und mit dem *silent casino* werden die Konzepte *place*, *space*, Diversität sowie Wahrnehmung und Darstellung in den Horizont der Lernenden gerückt – und zwar nicht nur der fiktiven Schülerinnen und Schüler, sondern auch der aktuellen Studierenden.

In den Folgestunden werden die Konzepte näher erläutert. Dies geschieht zunächst mittels eines durch Karten aus einem französischen Atlas (BLANCHON 2009) gestützten argumentativen Durchgang zur Wasserproblematik allgemein, um die synthetische Leistung der Konzepte darzustellen. Anschließen wird pro Sitzung je eines der drei Kernkonzepte behandelt, wobei neben der theoretischen Erläuterung des Konzepts jeweils auch immer dargestellt wird, was das Konzept in Bezug auf die Betrachtung eines bestimmten Ausschnitts der Erdoberfläche, in diesem Fall des Potsdamer Stadtteils Golm, in dem sich der Campus II der Universität befindet, bedeutet. In Bezug auf das Konzept *place* werden die Studierenden zunächst aufgefordert, eine Skizze anzufertigen, in der sie darstellen, wie der Campus Golm für sie idealerweise aussehen müsste. Alle diese Darstellungen arbeiten mit Bedeutungszuweisungen, sodass es im Anschluss leichter wird, ähnliche Bedeutungszuweisung in der Darstellung des Campus auf den Seiten der Fachschaft Geographie, auf den Seiten von geocaching.com und in einem Reiseführer zur Ge(h)schichte Potsdams im 20. Jahrhundert (LANG, ROGG 2005) zu entdecken. Das Konzept *space* lässt sich in allen seinen Kategorien darstellen: der *empirical space* mittels der Frage nach der Abgrenzung des Ortsteils und der Festlegung des Zentrums von Golm (das Navigationssystem führt einen hier sowohl an der Kirche als auch am – geschlossenen - Einkaufszentrum vorbei zu einem wenig beeindruckenden Straßenabschnitt mit Baulanderschließung), der *flow space* durch die Geschichte der slawischen Besiedlung, über früher vorhandene Kolonialläden und den bereits erwähnten geschlossenen Supermarkt bis hin zur Bahnlinie, die Golm nicht nur mit der Welt verbindet, sondern auch in zwei sehr distinktive *places* teilt: den *place* des ursprünglichen Dorfes Golm, das zum Ärger seiner Einwohner heute Alt-Golm heißt, und den *place* der ehemaligen Stasi-Hochschule, wo sich der heutige Universitätscampus befindet. Insbesondere dieser letzte *place* ist oft auch für den *image space* des Ortsteils verantwortlich, etwa wenn im Film ‚Das Leben der Anderen' Verhörmethoden der Stasi an (handselektierte) Studierende vermittelt werden. Der *place space* lässt sich im Ortsteil in verschiedenen Varianten finden: Da ist zum einen die Buslinie, die nicht mehr durch den alten Ortskern führt, sondern am Campus der Universität entlang und durch den neu erbauten Wissenschaftspark hindurch. Zum anderen findet sich aber auch ausgerechnet auf der Altgolmer Seite in etwas peripherer Lage ein kleiner Gedenkstein zum 3. 10. 1990, der als Antwort auf das andere Golm gedeutet werden kann. In manchen dieser Darstellungen ist das Konzept des Maßstabs bereits impliziert: die Verlagerung der Buslinie ist nicht lokal entschieden worden, sondern auf regionaler Ebene, der Wissenschaftspark wie die Universität sind global vernetzt.

Nachdem in der folgenden Sitzung die Hilfskonzepte kurz thematisiert wurden, beschäftigte sich der nächste große Block mit der Schulbuchanalyse. Dazu werden drei Doppelseiten aus einem aktuellen Brandenburger Geographieschulbuch zum Thema Israel herausgezogen. Auf diesen Doppelseiten werden zunächst die Landschaften Israels dargestellt, bevor längere Ausführungen zur Salzgewinnung, zur Geschichte, zu Jerusalem und zur Wasserproblematik folgen. Die Studierenden sollten die Seiten daraufhin untersuchen, wie Israel aus der Perspektive der Konzepte *place*, *space* und Maßstab jeweils konstruiert wurde. In Bezug auf alle drei Konzepte lässt sich feststellen, dass sie entweder gar nicht oder in so reduzierter Form vorkommen, dass man sie als Konzept nicht wiedererkennen kann. Für Anfänger ist das allerdings nicht immer leicht zu erkennen, sodass im Anschluss an die Analyse gezeigt wurde, wie Israel mit Hilfe der einzelnen Konzepte sinnvoll dargestellt werden kann. Neben der entsprechenden Fachliteratur wurden auch hier Karten aus französischen Atlanten (ENCEL 2008; CHAGNOLLAUD, SOUIAH 2011) zur Veranschaulichung herangezogen.

Zum Abschluss des Seminars erhielten die Studierenden die Aufgabe, unter Nutzung des konzeptuellen Ansatzes selbst eine Unterrichtsstunde zur Wasserproblematik Israels zu entwerfen. Die Ergebnisse waren durchwachsen. Oft blieben die Studierenden bei dem, was sie selbst in der Schule erfahren hatten. Das zeigt sich z. B. in der oft völlig formalen Nutzung von Klimadiagrammen. Allerdings gab es einige durchaus überzeugende Arbeiten. Eine Arbeit für den Grundschul-/unteren Sekundarstufenbereich war sogar so gut, dass sie im Rahmen eines Promotionsprojekts in einer Schule ausprobiert werden konnte.

4 Herausforderungen

Die oft wenig überzeugende Qualität der Stundenentwürfe stellt natürlich eine Herausforderung für nachfolgende Durchgänge dar. Dass in einem Erstsemesterseminar kaum perfekte Stundenentwürfe zu erwarten sind, ergibt fast zwangsläufig aus der Komplexität der Sache. Darum ging es hier aber auch nicht. Es ging vielmehr um die konzeptuelle Umsetzung fachlicher Inhalte. Dabei ergaben sich in der Rückschau drei zu bearbeitende Probleme: Von den Studierenden selbst wurde formuliert, dass die Form des Referateseminars im fachwissenschaftlichen Teil dazu führen würde, dass jeder nur ganz beschränkt über sein jeweiliges Thema Bescheid wisse, eine breite Wissensbasis also fehle. Hinzufügen könnte man, dass die Berücksichtigung des konzeptuellen Ansatzes in einem reinen Referateseminar ebenfalls schwierig ist, da er in vielen deutschen, aber auch in fremdsprachigen Darstellungen oft nicht explizit thematisiert wird. Hier sind eindeutig die Fachwissenschaftler gefragt, Bezüge zwischen Konzepten und fachlichen Darstellungen herauszustellen, um das Verständnis der Studierenden zu fördern. Als großes Problem erweist sich allerdings auch die Studienmotivation vieler Geographielehramtsanwärter. Eine in der ersten Sitzung erstellte Chronologie meines Geographie-Lernens (RAWDING 2013), in der die Studierenden festhalten sollten, welche besonderen Erfahrungen oder Themen sie dazu veranlasst haben, ein Geographiestudium aufzunehmen, brachten in weiten Teilen sehr allgemeine Aussagen wie Unterricht in der Sekundarstufe I hervor. Auf den folgenden, schon weit abgeschlagenen Plätzen folgten Gründe wie Reisen oder die Einschreibebedingungen an der Universität, die z. B. ein anderes gewünschtes Fach nicht zuließen. Dieses Problem zu lösen braucht die Kooperation aller an der

(Aus-)Bildung Beteiligter, d. h. auch der Geographielehrer. Und genau deswegen ist es umgekehrt so wichtig, sie anständig auszubilden.

Literatur

BLANCHON, D. (2009): Atlas mondial de l'eau. Paris.
BROOKS, C., MORGAN, A. (2006): Cases and places. Sheffield.
CHAGNOLLAUD, J.-P., SOUIAH, S.-A. (2011): Atlas des Palestiniens. Un peuple en quête d'un État. Paris.
CLIFFORD, N. J., HOLLOWAY, S. L., RICE, S. P., VALENTINE, G. (Hrsg.) (2009): Key concepts in Geography. London, Thousand Oaks, New Delhi, Singapore.
CRESSWELL, T. (2004): Place – a short introduction. Malden, Oxford, Victoria.
DELEUZE, G., GUATTARI, F. (1991): Qu'est-ce que la philosophie? Paris.
ENCEL, F. (2008): Atlas géopolitique d'Israël. Aspects d'une démocratie en guerre. Paris.
GA (GEOGRAPHICAL ASSOCIATION) (2009): A different view. A manifesto from the Geographical Association. Sheffield.
HEROD, A. (2009): Scale: The local and the global. In: CLIFFORD, N. J., HOLLOWAY, S. L., RICE, S. P., VALENTINE, G. (Hrsg.): Key concepts in Geography. London, Thousand Oaks, New Delhi, Singapore. S. 217-235.
JACKSON, P. (2006): Thinking geographically. In: Geography 9, S. 199-204.
LANG, A., ROGG, M. (Hrsg.) (2005): Potsdamer Ge(h)schichte. Streifzüge ins 20. Jahrhundert. Berlin.
LAMBERT, D., MORGAN, J. (2010): Teaching Geography 11-18. A conceptual approach. Maidenhead.
MARSDEN, B. (1997): On taking the Geography out of Geographical education. In: Geography 82, S. 241-252.
MASSEY, D. (1999): Power-geometries and the politics of space-time (Hettner-Lecture 1998). Heidelberg.
MASSEY, D. (2005): for space. London, Thousand Oaks, New Delhi.
MBJS (MINISTERIUM FÜR BILDUNG, JUGEND UND SPORT LAND BRANDENBURG) (Hrsg.) (2008): Rahmenlehrplan für die Sekundarstufe I. Geografie. Potsdam.
RAWDING, C. (2013): Feldarbeit: Unsere Landschaft lesen. In: ROLFES, M., UHLENWINKEL, A. (Hrsg.): Metzler Handbuch 2.0 Geographieunterricht. Ein Leitfaden für Praxis und Ausbildung. Braunschweig, S. 63-70.
REVERT, S. (2012): Petite méthodologie de la cartographie. Paris.
SCHULTZE, A. (1970): Allgemeine Geographie statt Länderkunde! Zugleich eine Fortsetzung der Diskussion um den exemplarischen Erdkundeunterricht. Geographische Rundschau 22, S. 1-10.
TAYLOR, L. (2008): Key concepts and medium term planning. In: Teaching Geography 2, S. 50-54.

THRIFT, N. (2009): Space: The fundamental stuff of Geography. In: CLIFFORD, N. J., HOLLOWAY, S. L., RICE, S. P., VALENTINE, G. (Hrsg.): Key concepts in Geography. London, Thousand Oaks, New Delhi, Singapore, S. 85-96.

UHLENWINKEL, A. (2013a): Geographical Concepts als Strukturierungshilfe für den Geographieunterricht. Ein international erfolgreicher Weg zur Erlangung fachlicher Identität und gesellschaftlicher Relevanz. In: Geographie und ihre Didaktik 41, S. 18-43.

UHLENWINKEL, A. (2013b): Geographisches Denken in der kartographischen Repräsentation der Wirklichkeit. In: GW-Unterricht 129, S. 18-28.

UHLENWINKEL, A. (2013c): Geographieunterricht im internationalen Vergleich. In: KANWISCHER, D. (Hrsg.): Geographiedidaktik – ein Lern- und Arbeitsbuch für Studium und Praxis. Stuttgart, S. 232-246.

Marten Lößner
Warum werde ich Geographielehrer/-lehrerin?
Eine Analyse der Einflussfaktoren auf die Berufswahl im internationalen Vergleich zwischen Polen und Deutschland.
Ergebnisse der Vorstudie und Konzeption der Hauptstudie.

Gründe für die Auseinandersetzung mit der Lehramtsausbildung

Seit dem Pisa-Schock wurde aufgrund des unzufriedenstellenden Abschneidens der deutschen Schüler im internationalen Vergleich vermehrt die Frage gestellt, ob unsere Lehrer gut genug für die Herausforderungen in der Schule ausgebildet werden. Um die Ausbildungsqualität an den Hochschulen zu verbessern mit der Hoffnung, dadurch indirekt die Unterrichtsqualität zu erhöhen, wurden einheitliche Standards für die Geographielehrerausbildung von der DGfG und der KMK formuliert, die zumindest eine Vereinheitlichung der im föderalen Bildungssystem sehr unterschiedlich ausgestalteten Lehramtsausbildung bewirken sollte. Insbesondere die Diskussion um die normativ gesetzten Standards in der Lehrerausbildung hat die Fragen aufgeworfen, welche Eigenschaften ein guter Erdkundelehrer mitbringen sollte, um den Schülerinnen und Schülern später die fachlichen und personalen Kompetenzen im Fach Geographie zu vermitteln und wie man diese Kompetenzen der angehenden Lehrer am besten fördert. Um die Lehramtsausbildung im Fach Geographie verbessern zu können, sind neben normativ gesetzten Qualitätsstandards für die Lehrerausbildung (vgl. KMK 2008; DGFG 2010) empirische Untersuchungen zu den Studieneingangsvoraussetzungen der Studierenden im Sinne einer Lerngruppenanalyse nötig, um adressatengerechte Ausbildungsgänge auf Basis begründeter Entscheidungen entwickeln zu können, die die individuelle Kompetenzentwicklung der Studierenden fördert. Dabei tun sich angefangen bei den Eigenschaften der Studierenden (vgl. NIESKENS 2009; NAGY 2007; POHLMANN, MÖLLER 2010; URHAHNE 2006; EBERLE, POLLAK 2006; LIEPOWSKY 2003) über die Struktur und Qualität der universitären Lehre (vgl. KAUB ET AL. 2012; BLÖMEKE 2004) über die praktische Phase der Ausbildung im Referendariat hin zu der später im Berufsleben erlebten alltäglichen Situation in der Schule (vgl. RAUIN 2007; SCHAARSCHMIDT, KIESCHKE 2007) Forschungsfelder auf, ohne deren Bearbeitung eine qualitätsorientierte Verbesserung des Ausbildungsgangs nicht möglich ist.

Tab. 1: Forschungsfelder im Bereich der Lehrerausbildung

Studierende	Universitäre Lehre	Referendariat	Situation in der Schule
• Interessen • Motivation • Persönlichkeitsmerkmale • Kognitive Leistungsfähigkeit • Passung	• Curriculum • Kompetenzen • Qualität • Theorie-Praxis-Verknüpfung • Was können die Studierenden nach dem Examen?	• Curriculum • Kompetenzen • Qualität • Objektivität • Was wird vermittelt? • Wie wird selektiert?	• Belastungen • Fortbildung • Determinanten guten Unterrichts • Lehrergesundheit • ...

2 Stand der Forschung

Seit einigen Jahren hat sich die Forschung zur Lehrerbildung zu einem expandierenden Sektor der empirischen Bildungsforschung entwickelt (LÜDERS, WISSINGER 2007, S. 1). So gibt es einige Studien im deutschsprachigen Raum zum Interesse, der Berufswahlmotivation und der Persönlichkeit von Lehramtsstudierenden (beispielhaft genannt seien: URHAHNE 2006; POHLMANN, MÖLLER 2010; MAYR 2009), wobei sich diese Studien zumeist auf Lehramtsstudierende generell beziehen und die Unterschiede zwischen Lehramtsstudierenden verschiedener Fächer außer Acht lassen. Im Folgenden werden die Ergebnisse einer kleinen Auswahl an Studien, die besondere Bedeutung für dieses Forschungsprojekt haben dargestellt.

Forschungsergebnisse zur Motivation, Lehrer werden zu wollen
MARTIN, STEFFGEN (2002) befragten 402 luxemburgische Grundschullehrer mit dem überarbeiteten standardisierten Fragebogen von OESTERREICH (1987) rückblickend zu ihren Berufswahlmotiven. Sie konnten zwanzig Motive anhand einer fünfstufigen Ratingskala (von überhaupt nicht wichtig bis sehr wichtig) beurteilen. Faktorenanalytisch konnten folgende fünf Motivdimensionen bestimmt werden: angenehmes Berufsleben, gesellschaftliche Anerkennung, gesellschaftliche und politische Aufgabe, positives Berufsbild und angenehme Ausbildung. Folglich hängt die Wahl des Lehrerberufs von intrinsischen und extrinsischen Motiven ab.
POHLMANN, MÖLLER (2010) entwickelten auf Basis der Forschungsergebnisse von WATT, RICHARDSON (2007) einen Fragebogen zur Erfassung der Motivation für die Wahl des Lehramtsstudiums (FEMOLA) und testeten diesen an drei Stichproben von Lehramtsstudierenden in Kiel (N_1=291; N_2=301; N_3=139). Dabei konnten die in Tab. 1 dargestellten extrinsischen und intrinsischen Motivationssubskalen faktorenanalytisch ermittelt werden, die, wie die Cronbachs α zeigen, eine gute interne Konsistenz aufweisen.

Tab. 2: Subskalen im FEMOLA-Fragebogen (POHLMANN, MÖLLER 2010)

Extrinsische Subskalen	α	Intrinsische Subskalen	α
Nützlichkeit (Ferien, Verdienst, …)	0,9	Pädagogisches Interesse	0,88
Soziale Einflüsse (Familie, Freunde zum Lehrerberuf geraten haben)	0,8	Fähigkeitsüberzeugung	0,83
Geringe Schwierigkeit des Lehramtsstudiums	0,81	Fachliches Interesse	0,73

URHAHNE (2006) nahm den Fragebogen von Pohlmann und Möller in seine Studie auf und befragte 151 Biologie-Lehramtsstudierende neben ihrer intrinsischen und extrinsischen Motivation, Lehrer zu werden, bzgl. ihrer Interessen an biologischen Themen

und fand einen signifikanten Zusammenhang von intrinsischen Subskalen und fachlichen Interessen heraus.
Schlussendlich lässt sich festhalten, dass Ergebnisse verschiedener Untersuchungen übereinstimmend zeigen, dass die Wahl des Lehrerberufs von intrinsischen und extrinsischen Motiven geprägt ist (MARTIN, STEFFGEN 2002, S. 242).

Forschungsergebnisse zu personalen Eingangsvoraussetzungen und Interessen
Neben der Motivation, Lehrer werden zu wollen, sind für die Berufswahl und den späteren Erfolg im Studium und Beruf gewisse relativ stabile Persönlichkeitsmerkmale und das berufliche Interesse von Bedeutung (BLÖMEKE 2007, S. 20). Dabei ist die Analyse von Personenmerkmalen nicht nur im Sinne eines Bedingungsfaktors für die Erlangung von Professionskompetenz, sondern auch als mögliche veränderbare und beeinflussbare Zielgröße im Ausbildungsgang zu beachten (MAYR 2011).
NAGY (2007, S. 31f.) fasst unterschiedliche Forschungsergebnisse bzgl. Studierendengruppen zusammen und kommt zu dem Schluss, dass die individuellen Interessensstrukturen einer der besten Prädiktoren für die Studienfachwahl sind. D.h. die Erfassung fach- und berufsspezifischer Interessen ist neben der Motivation für die Studienfachwahl bedeutend.
KAUB ET AL. (2012) führten eine Längsschnittstudie mit 227 Lehramtsstudierenden durch, um herauszufinden, in wie fern sich die Lehramtsstudierenden mit unterschiedlich gewählten Fächerkombination im Hinblick auf die berufsbezogenen Interessenstrukturen, die kognitive Leistungsfähigkeit sowie die Studienzufriedenheit und Leistung im bildungswissenschaftlichen Grundstudium unterscheiden (KAUB ET AL. 2012, S. 233ff.). Sie konnten Unterschiede zwischen den Studierendengruppen belegen. So zeigten Studierende mit naturwissenschaftlicher Fächerkombination höhere Ausprägungen auf praktisch-technischer als auch auf der intellektuell-forschenden Interessenskala, wohingegen das Interesse an künstlerisch-sprachlichen Berufsbereichen bei den Studierenden mit sprachwissenschaftlicher Fächerkombination stärker ausgeprägt war (KAUB ET AL. 2012, S. 241f.). Die Studie belegt eindeutig die Notwendigkeit fachspezifischer Forschung im Lehramt.
MAYR (2009) führte im Zeitraum von 1994-2005 drei Längsschnittstudien mit insgesamt 1700 österreichischen Grund-, Haupt-, SonderschullehrerInnen durch, um herauszufinden, ob berufliche Interessen (nach HOLLAND 1997) und Persönlichkeitsmerkmale erfolgsrelevant in der Lehrerausbildung sind.
Es zeigte sich, dass künstlerisch-sprachliche und soziale Interessensorientierungen einen positiven Effekt auf die akademische Leistung und intellektuell-forschende, künstlerisch-sprachliche, soziale und unternehmerische Interessensorientierungen einen positiven Effekt auf die Zufriedenheit im Studium haben.
Betrachtet man den Einfluss von Persönlichkeitsmerkmalen generell, ist Gewissenhaftigkeit einer der stärksten positiven und Neurotizismus einer der stärksten negativen Prädiktoren für akademische Leistungen wie Noten oder Studierfähigkeitstests

(FURNHAM, CHAMORRO-PREMUZIC, MCDOUGALL 2003, S. 49; TRAPMANN, HELL, HIRN, SCHULER 2007, S. 146f.).

3 Ergebnisse der Vorstudie

Ausgehend von der Frage, was Studierende motiviert, sich für das Lehramtsfach Geographie zu entscheiden, und welche Unterschiede es diesbezüglich eventuell zwischen deutschen und polnischen Studierenden geben könnte, haben wir im Rahmen einer Vorstudie im Wintersemester 2008/2009 312 Geographielehramtsstudierende an der Universität Gießen und 118 an der Partneruniversität in Łódź zu ihren Berufswahlmotiven (FEMOLA) und Interesse an geographischen Themen (HEMMER, HEMMER 2002) befragt. Mittels explorativer Faktorenanalysen (Hauptkomponentenmethode, Varimax-Rotation) konnten Skalen zur Studienwahlmotivation und dem fachspezifischen Interesse aufgefunden werden (s. Tab. 3).

Tab. 3: Subskalen bzgl. der intrinsischen und extrinsischen Motivation, Lehrer werden zu wollen

Motivation		Subskala	Abk.	KMK-Wert	Cronbachs α	Skalen-Mittelwerte
Gießen (Deutschland)	extrinsisch	Sicherheit	S	0,823	0,861	2,38
		Zeiteineilung und Familie	ZF	0,809	0,827	2,84
		wenig Aufwand im Studium	WAS	0,619	0,657	4,35
	intrinsisch	Pädagogische Motivation	PM	0,832	0,818	1,71
		Fachinteresse und Wissensvermittlung	FW	0,797	0,759	1,85
		Selbsteinschätzung zur Befähigung zum Lehrerberuf	SBL	0,667	0,702	2,04
Motivation		Subskala		KMK-Wert	Cronbachs α	
Łódź (Polen)	extrinsisch	Freizeit und Familie	FF	0,780	0,785	2,86
		Sicherheit	S	0,716	0,862	3,57
	intrinsisch	Fachinteresse	F	0,670	0,689	2,21
		pädagogische Motivation	PM	0,883	0,914	2,61
		Selbsteinschätzung zur Befähigung zum Lehrerberuf	SBL	0,777	0,795	2,75

Für die Gießener Geographielehramtsstudierenden ist das wichtigste intrinsische Motiv die Pädagogische Motivation, also die Motivation, mit Kindern und Jugendlichen Arbeiten zu wollen, und das bedeutendste extrinsische Motiv die Sicherheit im Beruf, d.h. die Unkündbarkeit als Beamter und das relativ gute und gesicherte Gehalt. Im Gegensatz dazu bewerteten die Łódźer Geographielehramtsstudierenden den Faktor Sicherheit sehr schwach, was mit der beruflichen Situation der Lehrer in Polen und der relativ schlechten Verdienstmöglichkeit zusammenhängen dürfte. Für die Łódźer Studierenden war das bedeutendste extrinsische Motiv, Lehrer werden zu wollen, die Vereinbarkeit von Arbeit und Familie sowie Freizeit. Bei den intrinsischen Motiven bewerteten sie das Interesse am Fach Geographie am höchsten, gefolgt von der Pädagogischen Motivation. Bedenkt man, dass 33,9 % der befragten Łódźer Studenten angaben, später nicht an einer Schule unterrichten zu wollen, legt dies die Begründung nahe, dass viele polnische Lehramtskandidaten nicht studieren, weil sie Lehrer werden wollen, sondern weil sie, falls sie mit dem Geographie-Master keinen Job bekommen, eine weitere, wenn auch schlecht bezahlte Option auf dem Arbeitsmarkt haben wollen. Vergleicht man die beiden Stichproben bzgl. des Interesses an geographischen Themen, zeigt sich bei der Hälfte der zehn beliebtesten Items eine Übereinstimmung, wohingegen bei den zehn unbeliebtesten Items nur noch zwei übereinstimmen. Berechnet man den Rangkorrelationskoeffizienten von Spearman bzgl. der Rangfolge aller Interessenvariablen der Gießener und Łódźer Stichprobe, ergibt sich ein Wert von 0,404 (sign. 0,001), also eine schwache bis mittlere Korrelation der Rangplätze (vgl. LÖßNER ET AL. 2010, S. 12). Bei der Analyse der Geschlechterdifferenzen innerhalb der Gießener und Łódźer Stichprobe ergeben sich einige standortunabhängige Gemeinsamkeiten: (1) In beiden Stichproben bewerteten die Studentinnen die die Familie betreffenden Variablen bei den Motivationsskalen, die Pädagogische Motivation sowie die Interessenitems Armut und Hunger, Tourismus und Umwelt, Ethnien und Völker, Leben der Menschen in fremden Ländern, Urlaubs- und Naherholungsgebiete sowie Entstehung der Tages- und Jahreszeiten signifikant höher als ihre männlichen Studienkollegen. Dies deckt sich in Teilen mit dem Begründungszusammenhang von LIPOWSKY (2003, S. 92), der beschreibt, dass bei Frauen das altruistische, sozial-karitative Motiv ausgeprägter sei als bei Männern.

Die Ergebnisse der Gießener Studierenden bzgl. des Zusammenhangs von Berufswahlmotiven und fachlichen Interessen bestätigen die Ergebnisse der Studie von Urhahne: Die intrinsischen Motive korrelieren mit den extrinsischen kaum bzw. in drei von vier signifikanten Fällen negativ. Jedoch korrelieren die intrinsischen Motive und die Interesseskalen. So gehen ein höheres Interesse an Geographie mit einer höheren pädagogischen Motivation und einer höheren Motivation zur Wissensvermittlung einher (LÖßNER ET AL 2010). Bei der Łódźer Stichprobe korrelieren die intrinsischen und extrinsischen Motivskalen positiv auf höherem Niveau miteinander und die intrinsischen Motive korrelieren nur mit physisch-geographisch geprägten Interesseskalen. Überblickend lässt sich wie bei URHAHNE (2006, S. 123) feststellen, dass die fachlichen Interessen ein integraler Bestandteil der intrinsischen Motivation für den Lehrerberuf sind.

4 Konzeption der Hauptstudie

Unser Forschungsvorhaben will die Voraussetzungen der Studierenden im Hinblick auf folgende Forschungsfragen klären: (1) Welche intrinsischen und extrinsischen Motive haben die Lehramtsstudierenden zur Berufswahl bewegt? (2) Welche geographiespezifischen Interessen haben sie? (3) Welche Persönlichkeitsmerkmale bringen sie mit? (4) Welche Konsequenzen für eine adressatengerechte Ausbildung können aufgrund einer Korrelation dieser drei Aspekte abgeleitet werden?

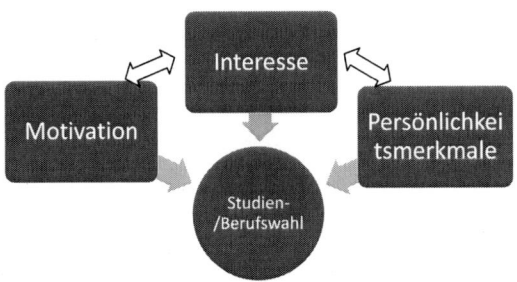

Abb. 1: Struktur der in der Hauptstudie zu erhebenden Merkmale/Einstellungen

Weder die Berufswahlmotivation noch die Persönlichkeitsmerkmale von Geographielehramtsstudierenden wurden bisher repräsentativ erhoben und mit den fachspezifischen Interessen korreliert. Die Erforschung dieser Grundlagen und Zusammenhänge kann elementare Erkenntnisse für die zukünftige Lehrerausbildung erbringen, die nicht zuletzt den Schülerinnen und Schülern durch eine deutliche Qualitätsverbesserung im Unterricht zu Gute kommt. Insbesondere der interkulturelle Vergleich der Berufswahlmotivation von polnischen und deutschen Lehramtsstudenten ermöglicht ein tiefergehendes Verständnis von soziokulturell bedingten Motivationsstrukturen sowie die Identifikation von landesspezifischen Anreizsystemen, den Lehrerberuf zu ergreifen. Um diese Forschungsfragen beantworten zu können, sollen die Studierenden an je fünf Universitäten in Polen und Deutschland befragt werden. Der Fragebogen der Vorstudie wird durch den Persönlichkeitsfragebogen Neo-FFI von Costa, McCrea ergänzt, um ggf. Geographielehramtstypen auf Basis der Motivation, des Interesses und der Persönlichkeitsmerkmale auffinden zu können, die wiederum als Basis für Überlegungen einer adressatenorientierten Lehramtsausbildung dienen könnten.

5 Fazit

Um die Qualität der Lehramtsausbildung in allen Phasen zu verbessern, reichen deduktive Setzungen von Qualitätsstandards nicht aus. Es bedarf empirischer Forschungsergebnisse in diesem Bereich, um begründete Entscheidungen treffen zu können. Ein Ansatzpunkt dabei sind die Studieneingangsvoraussetzungen der Lehramtsstudierenden der einzelnen Fächer. Ähnlich der Bedeutung der Lerngruppenanalyse für guten Unterricht ist die Analyse der Interessen, Motive, Einstellungen, Kompetenzen und des Förderbedarfs der Studierenden unabdingbar für eine adressatenorientierte Ausbildung, die individuelle Lernbedürfnisse diagnostiziert und Angebote für effizienten Kompetenzerwerb, im Sinne einer professionellen Handlungskompetenz (vgl. COACTIV Studie) ermöglicht.

Literatur:

BLÖMEKE, S. (2007): Qualitativ – quantitativ, induktiv – deduktiv, Prozess – Produkt, national – international. In: LÜDERS, M.; WISSINGER, J. (Hrsg.): Forschung zur Lehrerbildung. Kompetenzentwicklung und Programmevaluation. Münster.

BLÖMEKE, S. (2004): Empirische Befunde zur Wirksamkeit der Lehrerbildung. IN: BLÖMEKE, S.,REINHOLD, P., TUŁÓDŹIECKI, G., WILDT, J. (HRSG.): Handbuch Lehrerbildung. Bad Heilbrunn. S. 59-91.

DGFG (HRSG.) (2010): Rahmenvorgaben für die Lehrerausbildung im Fach Geographie an deutschen Universitäten und Hochschulen. Bonn. (http://www.geographie.de/docs/pub_lehrerausbldg_geo_rahmenvorgaben.pdf, 6.3.2011)

FURNHAM, A., CHAMORRO-PREMUZIC, T., MCDOUGALL, F. (2003): Personality, cognitive ability, and beliefs about intelligence as predictors of academic performance. In: Learning and Individual Differences, 14. S. 49-66.

HEMMER, I., HEMMER, M. (2002): Mit Interesse lernen. Schülerinteresse und Geographieunterricht. geographie heute 23, Heft 202, S. 2-7.

HEMMER, I., HEMMER, M., BAYRHUBER, H., HÄUSSLER, P., HLAWATSCH, S., HOFMANN, L., M. RAFFELSIEFER (2005): Interesse von Schülerinnen und Schülern an geowissenschaftlichen Themen. Geographie und ihre Didaktik 34. S. 57-72.

HEMMER, M. (2012): Die Geographiedidaktik – eine forschende Disziplin. In: HAVERSATH, J.-B. (Mod.): Geographiedidaktik. Theorie – Themen – Forschung. Braunschweig. S. 9-20.

KAUB, K., KARBACH, J., BIERMANN, A., FRIEDRICH, A., BEDERSDORFER, H.-W., SPINATH, F. M., BRÜNKEN, R. (2012): Berufliche Interessensorientierungen und kognitive Leistungsprofile von Lehramtsstudierenden mit unterschiedlichen Fachkombinationen. Zeitschrift für Pädagogische Psychologie 26 (4), S. 233–249.

KMK (SEKRETARIAT DER STÄNDIGEN KONFERENZ DER KULTUSMINISTER DER LÄNDER IN DER BRD) (2008): Ländergemeinsame inhaltliche Anforderungen für die Fachwissenschaften und Fachdidaktiken in der Lehrerbildung. Beschluss der Kultusministerkonferenz vom 16.10.2008 (www.kmk.org/fi leadmin/veroeff entlichungen_beschluesse/2008/2008_10_16-Fachprofi le.pdf; letzter Aufruf: 01.07.2010).

LÖßNER, M., GLOWACZ, A., LÜDEMANN, S., ADAMCZEWSKA, M., SMETKIEWICZ, K. (2010): Warum will ich Geographielehrer werden? Berufswahlmotive und fachspezifisches Interesse von Lehramtsstudierenden der Geographie in Gießen und Łódź – ein Vergleich. Geographie und ihre Didaktik 38, S.1-21.

LIPOWSKY, F. (2003): Wege von der Hochschule in den Beruf. Eine empirische Studie zum beruflichen Erfolg von Lehramtsstudenten in der Berufseinstiegsphase. Bad Heilbrunn.

LÜDEMANN, S., LÖßNER, M. (2010): Warum werde ich Geographielehrer? Eine empirische Untersuchung zu den Berufswahlmotiven von Lehramtsstudierenden der

Geographie an der Justus-Liebig-Universität Gießen. Gießener Geographische Manuskripte 2. Aachen. Im Internet: http://geb.uni-giessen.de/geb/volltexte/2010/7643/index.html

LÜDERS, M., WISSINGER, J. (HRSG.) (2007): Forschung zur Lehrerbildung. Kompetenzentwicklung und Programmevaluation. Münster.

MARTIN, R., STEFFGEN, G. (2002): Zum Einfluss der Berufswahlmotive auf die Berufszufriedenheit von Grundschullehrern. In: Psychologie in Erziehung und Unterricht 49, H. 4, S. 241–249.

MAYR, J., NEUWEG, G. H. (2006). Der Persönlichkeitsansatz in der Lehrer/innen/forschung. Grundsätzliche Überlegungen, exemplarische Befunde und Implikationen für die Lehrer/innen/bildung. In: HEINRICH, M., GREINER U. (Hrsg.): Schauen, was 'rauskommt. Kompetenzförderung, Evaluation und Systemsteuerung im Bildungswesen (S. 183-206). Wien.

MAYR, J. (2011): Der Persönlichkeitsansatz in der Lehrerforschung. Konzepte, Befunde und Folgerungen. In TERHART, E., BENNEWITZ, H., ROTHLAND, M. (Hrsg.): Handbuch der Forschung zum Lehrerberuf. Münster. S. 125-148.

NAGY, G. (2007): Berufliche Interessen, kognitive und fachgebundene Kompetenzen: Ihre Bedeutung für die Studienfachwahl und die Bewährung im Studium. Dissertation Freie Universität Berlin. http://www.diss.fu-berlin.de/diss/receive/FUDISS_thesis_000000002714

NIESKENS, B. (2009): Wer interessiert sich für den Lehrerberuf – und wer nicht? Berufswahl im Spannungsfeld von subjektiver und objektiver Passung. Göttingen.

POHLMANN, B., MÖLLER, J. (2010): Fragebogen zur Erfassung der Motivation für die Wahl des Lehramtsstudiums (FEMOLA). Zeitschrift für pädagogische Psychologie, Jg. 24, H. 1, S. 73-84.

RAUIN, U. (2007): Im Studium wenig engagiert – im Beruf schnell überfordert: Studierverhalten und Karrieren im Lehrerberuf – Kann man Risiken schon im Studium prognostizieren? Campusservice Universität Frankfurt. (http://publikationen.ub.uni-frankfurt.de/files/281/Im_Studium_wenig_12_.pdf 20.4.2013)

SCHAARSCHMIDT, U., KIESCHKE, U. (Hrsg.) (2007): Gerüstet für den Schulalltag. Weinheim.

TRAPPMANN, S., HELL, B., HIRN, J.-O. W., SCHULER, H. (2007): Meta-Analysis of the Relationship between the Big Five and Academic Success at University. Zeitschrift für Psychologie 215 (2), S. 132-151.

URHAHNE, D. (2006): Ich will Biologielehrer(-in) werden! – Berufswahlmotive von Lehramtsstudenten der Biologie. In: Zeitschrift für Didaktik der Naturwissenschaften 12, S. 111-125.

WATT, H.M.G., RICHARDSON, P.W. (2007): Motivational factors influencing teaching as a career choice: Development and validation of the „FIT-Choice" Scale. In: Journal of Experimental Education 75, H. 3, S. 167-202.

Martin Lindner, Anne-Kathrin Lindau
Die Veranstaltungsform des Projektseminars zur Förderung der Kompetenzentwicklung bei Lehramtsstudierenden

Begründung und Ziele des Projektseminars
Die Weiterentwicklung der Schulen als wesentlicher Bestandteil der Gesellschaft ist nur durch Offenheit gegenüber Innovationen möglich und nur durch Teamarbeit umsetzbar. Die Studierenden sind die Lehrkräfte von Morgen, mithin gestalten sie in Zukunft die notwendigen Veränderungen in den Schulen.
Damit Lehrkräfte in einer offenen Haltung – offen für Neuerungen, offen für die Arbeit im (Fach-)Team und erfahren in der Umsetzung von Innovationsvorhaben – an die Arbeit gehen können, müssen sie sich bereits im Studium mit solchen Aufgaben auseinandersetzen. Die KMK hat dies in ihren Standards für die Lehrerbildung als Anforderung formuliert; so wird als Kompetenz 11 genannt: „Lehrerinnen und Lehrer beteiligen sich an der Planung und Umsetzung schulischer Projekte und Vorhaben" (KMK 2004, S.13). Wir verstehen Kompetenz dabei im Weinertschen Sinne als eine umfassende Haltung, die neben Wissen vor allem Können, aber auch die Bereitschaft zur Umsetzung beinhaltet (WEINERT 2002).
Da die dominierenden Unterrichtsmuster in Schulen (und auch die Haltung von Lehrkräften gegenüber Innovationsprojekten) vor allem durch Tradition weitergegeben werden, muss das Studium reichlich Lerngelegenheiten auch im Sinne von Training bieten, um überkommene Strukturen aufzubrechen.
Wir sind deshalb zu der Überzeugung gelangt, dass nur durch die Schaffung von offenen, von den Studierenden selbst mit Lösungs- und Lernstrategien angereicherten Aufgaben der Entwicklung der geforderten Kompetenzen dienen können.
Fragen des Managements zur Bewältigung unvorhergesehener komplexer Problemstellungen sind für das dynamische und auch unvorhersehbare Berufsfeld der Lehrer/-innen unerlässlich. Dabei sind neben dem optimierten Zeitmanagement im Unterricht (HELMKE 2007) natürlich auch ein professionelles Management der Lehrerarbeit sowie ein persönliches Zeitmanagement hilfreich. Es ist also folgerichtig, auch angehenden Lehrer/-innen die Möglichkeit zu geben, solche Kompetenzen zu erwerben.
Ziel des hier vorgestellten Praktikums ist es, den Studierenden Alternativen zu einem lehrerzentrierten und instruierenden Unterricht aufzuzeigen. Auch wenn es Hinweise darauf gibt, dass die Öffnung des Unterrichts nicht zwangsläufig zu besseren Lernergebnissen führt, dürfte die herkömmliche Unterrichtsform, in der die Lehrer/-innen die dominierende Figuren sind, doch überkommen sein (LINDER 2008).
Wesentlicher Aspekt für ein erfolgreiches Projektseminar ist die Bereitstellung von offenen Lernumgebungen. In der hier vorgestellten Lehrveranstaltung stehen den Studierenden ein Seminarraum, eine Lernwerkstatt, Laptops und eine interaktive Ta-

fel zur freien Verfügung, um dadurch das Bearbeiten komplexer Probleme zu unterstützen. Als Ergebnisform ist am Ende des Moduls ein Medienprodukt für den Einsatz im Geographieunterricht, das in einer mündlichen Prüfung präsentiert und verteidigt wird.

Merkmale von Projektseminaren und deren konkrete Umsetzung
1. Komplexe Fragestellung
Der Alltag zukünftiger Geographielehrer/-innen ist durch unterschiedliche Anforderungen, wie verschiedene Jahrgangsstufen, verschiede Themenbereiche oder verschiedene Tagesformen der am Unterricht Beteiligten geprägt. Das Lehramtsstudium muss die Verarbeitung komplizierter und unüberschaubarer Problemlagen beinhalten, um eine sinnvolle Vorbereitung auf den Lehrer/-innen-Alltag zu leisten. Im Projektseminar wählen die Studierenden selbständig eine komplexe Problemstellung mit dem Ziel, ein Unterrichtsmedium für den Geographieunterricht entwickeln. Die komplexe Fragestellung gliedert sich dann wiederum in einzelne Teilfragen und damit in Arbeitsschritte auf. Die Erfahrung zeigt, dass hierzu die Begleitung durch das akademische Lehrpersonal unumgänglich ist.
2. Zeitlicher Rahmen
Projekte sind immer zeitlich begrenzt. Der Zeitrahmen ist dabei variabel, deckt sich im Studium aber mit dem Semesterturnus. Das beschriebene Projektseminar dauert ein Semester und umfasst 2 SWS (Semesterwochenstunden) über 15 Wochen. Die zeitliche Begrenzung ist eine große Hilfe, um Projekte sinn- und zielgerichtet gestalten zu können. Sie hilft vor allem dagegen, sich in einer als „endlos" empfundenen Innovationssituation zu sehen. Gleichzeitig verhilft sie zu einem organisierten Zeit- und Ressourcenmanagement, das in einem Meilensteinplan fixiert wird (Tab. 1).

Tab. 1: Meilensteinplan des Projektseminars

Meilenstein	Inhalte/Tätigkeiten/Aufgaben	Termin
1. Vorüberlegungen	Projektpartner finden Mögliche Zugänge 1. Interesse 2. Persönliche Fähigkeiten und Voraussetzungen 3. Unterrichtssituation 4. Lehrplan	4 h
2. Ziele/Kompetenzen	1. Formulierung von Zielen 2. Festlegen von Inhalten 3. Fachliche Absicherung (Sachstrukturanalyse)	2 h
3. Didaktische Überlegungen	1. Funktion 2. Sinn 3. Zielgruppe 4. Potenziale und Grenzen	2 h

4. Methodische Überlegungen	Einsatzmöglichkeiten im Geographieunterricht	2 h
5. Medienerstellung und Dokumentation	Konzept Bauplan Materialien Kosten Begleitende Dokumentation (Text, Fotos, Film,…)	10 h
6. Vorbereitung der Präsentation		10 h
7. Medienpräsentation/ Prüfung	Gelegenheit zum Feed-Back durch das Lehrpersonal	3 Monate nach Semesterende

3. Zielfestlegung

Die Zielorientierung von Projekten ist ebenfalls eine Stärke der Projektarbeit. Auch wenn die Zielklärung – insbesondere in Gruppen – nicht immer einfach ist, kann sie doch einen wesentlichen Schritt der Projektarbeit darstellen. Die Aushandlungen im Falle von Zielkonflikten sind normale Praxis und nehmen auch im universitären Projektseminar zahlreiche Aspekte professioneller Projektarbeit vorweg.

Die Formulierung einer klaren Zielstellung muss geübt werden, und sie hilft immens bei der Zeit- und Ressourcenplanung. Dabei ist nach der Festlegung der Ziele eine starre Strategie zur Zielerreichung wenig hilfreich, da immer wieder kleinere oder größere Justierungen der Zielstellung möglich und nötig sind.

4. Sichtbare Projektergebnisse

Alle Projekte liefern sichtbare und umsetzbare Ergebnisse. Die von Gruppen erstellten greifbaren Projektergebnisse lassen sich in einem konkreten Handlungsprodukt, in einer Präsentation als auch in einer schriftlichen Fassung darstellen. Im vorliegenden Projektseminar entwickeln die Lehramtsstudierenden ein Medium für den Geographieunterricht, das in Gruppen in Form einer staatsexamensrelevanten Modulprüfung präsentiert wird. Nach der Präsentationsphase schließt sich ein Prüfungsgespräch mit allen Seminarteilnehmer/-innen an. Die Präsentationen beinhalten Problem- und Zielstellung, geographiedidaktische Einordnung, Konzeption und Entwicklung des Unterrichtsmediums, Einsatzmöglichkeiten sowie das Abwägen der Potentiale und Grenzen des erstellten Produktes. Die einzelnen Gruppen bemühten sich um sehr ansprechende und unterhaltsame Präsentationen, wobei Filme und Fotos zum Einsatz kamen. Zusätzlich wurde eine schriftliche Dokumentation für alle teilnehmenden Studierenden zur Verfügung gestellt.

5. Teamleistung und interdisziplinäres Vorgehen

Projektarbeit bedingt Teamarbeit. Projektteams in Unternehmen werden häufig bewusst durch verschiedene Persönlichkeiten und verschieden professionell ausgerichtete Mitglieder besetzt, wobei auch eine interdisziplinäre Zusammensetzung hilfreich ist. Durch die Zusammenarbeit von Studierenden mit unterschiedlichem Zweitfach kann bereits eine Interdisziplinarität erreicht werden. Die Studierenden arbeiten in Zweier- und Dreierteams mit einer universitären Präsenzzeit von 2 SWS und weiteren Treffen außerhalb oder innerhalb der universitären Räumlichkeiten. Die konsequente Arbeit in Teams bereitet auf die Arbeit an Schulen sein. Die Stärkung der Fachschaftsarbeit ist das erklärte Ziel vieler Innovationsprojekte. Dabei spielen sowohl die Arbeitsteilung, als auch die gegenseitige Rückversicherung und weitere Funktionen eines kollegialen Coachings eine wesentliche Rolle.

6. Praxisbezug

Bereits in der Beschreibung der Ergebnisorientierung wurde angedeutet, dass Projekte immer einen praktischen Bezug haben. Wie erwähnt, dienen Projekte nicht der strategischen Planung oder der Reflektion, sie beinhalten natürlich solche Elemente, und sie können auch als Entwicklungsprojekt für Pläne oder Reflektionsmethoden konzipiert werden. Die Projekte im geographiedidaktischen Seminar sind jedoch unmittelbar auf die Schulpraxis orientiert. Wie oben schon erwähnt, ist die Entwicklung eines innovativen inhaltlichen oder auch methodischen Unterrichtsmediums das Ziel. Die Wahl des Mediums ergibt sich aus einer konkreten Unterrichtssituation während des vorausgegangenen Schulpraktikums.

7. Projektmanagement

Die klassischen Elemente eines Projektmanagements werden im Praktikum nur zum Teil umgesetzt. Dies liegt vor allem an der begrenzten Zeit und am überschaubaren Ressourcenmanagement. Das PMI (2013) (ein weltweit tätiger US-amerikanischer Verband von Projektmanagern) nennt neun Elemente eines Projektmanagements, von denen die ersten fünf im Projektseminar umgesetzt werden:

- Klärung von Ziel, Inhalt und Umfang,
- Festlegung von Termine,
- Kosten (Die Kosten werden so gering wie möglich gehalten, die Übernahme von geringen Aufwendungen ist möglich.),
- Qualitätsmanagement (Die Qualität der Projektergebnisse wird durch die Bewertung der Präsentationen (mündlich und schriftlich) überprüft.),
- Kommunikation des Projektfortschritts (Diskussion in Kleingruppen).

In unseren Projekten von geringerer Bedeutung sind die weiteren vier Elemente:

- Integration in das Unternehmen,
- Personalmanagement,
- Risikomanagement,
- Beschaffungsmanagement.

Ablauf und Organisation des Projektseminars

Die 19 Teilnehmer/-innen trafen sich für 2 SWS einmal in der Woche. Den Projektteams, bestehend aus zwei oder drei Studierenden, standen mehre Räumlichkeiten, die auch außerhalb der Seminarzeit nach Absprache genutzt werden konnten, zur Verfügung.

Das Ziel des Projektseminars wurde von den Studierenden selbständig festgelegt, von universitärer Seite her wurde lediglich als Projektergebnis ein Medienprodukt für den Geographieunterricht vorgegeben. Aus dem vor dem Medienmodul absolvierten Schulpraktikum ergab sich für die Studierenden aufgrund einer konkreten Unterrichtssituation die Idee zur Medienerstellung. So wurde der Wunsch nach einem bestimmten neuen bzw. innovativen Unterrichtsmedium im Laufe des Semesters in eine konkrete Idee umgesetzt. Im hier vorgestellten Projektseminar (Wintersemester 2012/13) wurden folgende Medien für den Geographieunterricht erstellt (Abb. 1):
1. Podcast mit Karten,
2. Spiel zur räumlichen Orientierung in Deutschland,
3. multimediales Lernprogramm zur glazialen Serie,
4. Tellurium (Modell),
5. Artesischer Brunnen (Modell),
6. Erosion in vegetationsbedeckten und vegetationslosen Flächen (Modell),
7. Inversionswetterlage (Modell),
8. Schalenbau und Plattentektonik (Modell),
9. Film zur Energiewende (http://www.youtube.com/watch?v=1Xw6Bkocv84).

Abb. 1: Beispiele von Medienprodukten aus dem Projektseminar (Modell der Inversionswetterlage (links), Modell zu Schalenbau und Plattentektonik (Mitte), Tellurium (rechts))

Die mündliche Prüfung fand in der Seminarzeit in aufeinanderfolgenden Präsentationen mit einer Diskussion in Anwesenheit aller Seminarteilnehmer/-innen statt. Die Präsentationen wurden in der Regel durch Videoaufzeichnungen oder Fotos illustriert. Die Bewertung der Präsentationen erfolgte unmittelbar im Anschluss verbal durch das wissenschaftliche Personal. Mithilfe einer schriftlichen Dokumentation wurde die Endnote aufgrund vorher festgelegter Kriterien einige Monate später festgelegt. Die Kriterien umfassten Bereiche wie Medienprodukt, Funktionsfähigkeit, Design, Arbeits- und Materialaufwand, Kreativität und Innovation des Mediums sowie Darstellung der Präsentation.

Auswertung der Erfahrungen aus dem Projektseminar
Im Laufe und am Ende des Projektseminars wurden die Studierenden über ihre Erfahrungen zum Projektstudium mündlich befragt.
1. Einschätzung der Entwicklung der eigenen Kompetenzen

Die Entwicklung der eigenen Kompetenzen wird als positiv beurteilt. So wurde die Komplexität des Projektes in seiner Gesamtheit mit seinen Teilaufgaben als Herausforderung gesehen. Als größte Schwierigkeit wurde die Aufarbeitung der didaktischen Aspekte eingeschätzt, die handwerklichen Tätigkeiten zur praktischen Realisierung des Mediums machten den Teilnehmer/-innen am meisten Spaß, häufig waren jedoch mehrere Versuche (*Learning by doing*) zur Umsetzung nötig.

2. Vorerfahrung, Anleitung und Zielfindung

Die Angaben zur Vorerfahrung zeigen, dass für alle Teilnehmer/-innen diese Form des Praktikums neu war. Die Einführung wurde von dem meisten als ausreichend betrachtet und auch die Zielfindung wurde meist als unproblematisch beurteilt. Dennoch wurde häufig eingeschätzt, dass es teilweise schwierig war, die gesetzten Projektziele im Auge zu behalten.

3. Zusammenarbeit im Team

Die Teamarbeit ist ein erklärtes Ziel des Projektseminars. In den meisten Gruppen wurde die Teamarbeit als gut eingeschätzt. In einem Team wurde das gewählte Gesamtprojekt in zwei Teilprojekte gegliedert, die dann getrennt voneinander bearbeitet wurden. Hier wurden die Kriterien der Teamarbeit nur bedingt erfüllt. Die Zuverlässigkeit aller Teammitglieder war gegeben. Die Aufgabenverteilung wurde als ausgeglichen beurteilt.

4. Zeitmanagement

Das Zeitmanagement ist weitgehend gelungen. Die Studierenden fühlten sich überwiegend zeitlich nicht unter Stress. Als Grund wurde der gemeinsam aufgestellt Meilensteinplan angegeben. Als sinnvoll für das Einhalten des Zeitrahmens wurde auch das wöchentliche Einfordern der erreichten Ziele durch das Lehrpersonal gesehen.

5. Generelle Zustimmung zum Praktikum

Insgesamt zeigt sich eine Zustimmung zur Form des Projektseminars. Insbesondere wurde die am Ende des Seminars stattfindende Prüfung in Form der Medienpräsentation als positiv bewertet.

Im nächsten Abschnitt wird die Einschätzung des Lehrpersonals zum Projektseminar zusammengefasst. Sie deckt sich weitestgehend mit den Rückmeldungen der Studierenden.

Die Motivation sowie das Interesse an der Erstellung eines Mediums sind während des gesamten Projektseminars als sehr hoch einzuschätzen. Es wird vermutet, dass die freie Wahl des zu erstellenden Medienproduktes einer der wesentlichen Gründe ist.

Das Zeitmanagement war insgesamt sehr gut. Nötig ist jedoch eine ständige Begleitung durch das Lehrpersonal, indem immer wieder auf den Meilensteinplan und die darin formulierten Teilziele verwiesen wird. Wesentlich ist auch die Diskussion der vorliegenden Teilergebnisse, um einen Reflexionsprozess über das eigene Arbeiten auszulösen.

Wesentliche Impulse von Seiten der Dozenten waren immer wieder hinsichtlich der inhaltlichen und didaktischen Durchdringung bei der Entwicklung des Unterrichtsmediums nötig. In einigen Fällen liefen die Studierenden Gefahr das Hauptziel des Projektes aus dem Blick zu verlieren.
Hinsichtlich der methodisch-technischen Umsetzung agierten die Studierenden selbständig sowie mit großem Fleiß und Engagement.
Die innovativen Ergebnisse und Präsentationen zeugen von einem gelungenen und erfolgreichen Projektseminarkonzept, dass in den nächsten Jahren in dieser Form wiederholt wird.

Zusammenfassung und Ausblick

Das Projektstudium innerhalb der Geographiedidaktik kann als voller Erfolg gewertet werden. In allen Bereichen – Zusammenarbeit, Möglichkeiten zum Experimentieren, Unterstützung durch das Lehrpersonal, Zeitmanagement, Organisation und Vorbereitung – wurden positive Rückmeldungen gegeben. Auch aus Sicht der Betreuer/-innen lief das Praktikum gut. Außerdem soll – wo immer möglich – ein Praxistest stattfinden, etwa im Rahmen von Projektwochen an Schulen, im Rahmen der Kinderuni oder anderer außerschulischer Vorhaben von externen Trägern.

Als Erfolg kann auch gewertet werden, dass einige der Studierenden signalisiert haben, das im Projektseminar erarbeitete Medium bzw. Thema im Rahmen einer Staatsexamensarbeit zu vertiefen.

Literatur

BAYRHUBER, H. ET AL. (2007): Biologie im Kontext. MNU 60, S. 282-286.
BERCK, K. H., GRAF, D.(2010): Biologiedidaktik: Grundlagen und Methoden. Wiebelsheim.
BEYER, P.-K. (1998): Fühlen sich Tiere im Zoo wohl? Unterricht Biologie 231, S. 20.
BOGUSCH, A., BOGUSCH, C, WEISER, M. (2001): Auswilderung – eine Erfolgsstory?! Unterricht Biologie 265, S.25-26, 31-33.
EHRENECKER, A., PFLIGERSDORFFER, G. (2009): Unterricht im Zoo – mit PDAs und Keys zur inneren Differenzierung. Unterricht Biologie 347, S.73.
GURR, K. (O.J.): Ziele der Evaluation. http://www.fragebogen.de/.htm. (Abruf: 24.04.2013).
HELMKE, A. (^{5}2007): Unterrichtsqualität. Erfassen, Bewerten, Verbessern. Stuttgart.
KMK (SEKRETARIAT DER STÄNDIGEN KONFERENZ DER KULTUSMINISTER DER LÄNDER IN DER BUNDESREPUBLIK DEUTSCHLAND) (2004): Standards für die Lehrerbildung: Bildungswissenschaften.
http://www.kmk.org/fileadmin/veroeffentlichungen_beschluesse/2004/2004_12_16-Standards-Lehrerbildung.pdf (Abruf: 24.04.2013)
LINDNER, M. (2008): New programmes for teachers' professional development in Germany. The programme SINUS as a model for teachers' professional develop-

ment. INTERACÇÕES 9, S. 149-155.
http://revistas.rcaap.pt/interaccoes/article/download/365/320 (Abruf: 24.04.2013)
PMI (PROJECT MANAGEMENT INSTITUTE) (O.J.): Making project management indispensable for business results. Online: http://www.pmi.org/default.aspx (Abruf: 24.04.2013)
SAUERBORN, P., BRÜHNE, T. (2010): Didaktik des außerschulischen Lernens. Hohengehren.
WEISER, M. (2001): Tiere im Zoo. Unterricht Biologie 265, S.4-13.
WEINERT, F. E. (2002): Leistungsmessung in der Schule. Weinheim.

Karin Hölscher, Gudrun Ringel

Geographicus – die Erde entdecken
Ein Best-Practice-Beispiel für die geographische Ausbildung
zukünftiger Grundschullehrkräfte

1 Einleitung

Der Anlass für die Konzeption des Projektes Geographicus war die Veröffentlichung der Baden-Württembergischen Bildungspläne im Jahr 2004. Mit diesem Bildungsplan zog der Fächerverbund Mensch Natur Kultur (kurz MNK) in den Stundenplan der Grundschulen. MNK ist eine Kombination aus den Fächern Sachunterricht, Musik und Kunst.

Ein Schwerpunkt des Fächerverbundes stellt das naturwissenschaftliche Arbeiten dar, welches sich im Kompetenzfeld ‚Natur macht neugierig: forschen, experimentieren, dokumentieren' wiederspiegelt. Im Zusammenhang mit diesem Kompetenzfeld werden im Bildungsplan 27 verpflichtende Experimente aufgeführt, welche bis zum Ende der Klasse 4 durchgeführt werden müssen.

Zur Förderung des naturwissenschaftlichen Arbeitens in den Schulen wurde an der Pädagogischen Hochschule Freiburg (kurz: PH) das NAWI-Haus entwickeln, dessen Ziel es ist, Kinder und Jugendliche verstärkt an Naturwissenschaften heranzuführen. Die zu diesem Zeitpunkt noch an einem Institut vereinigten Abteilungen Biologie, Chemie, Physik und Geographie konzipierten unterschiedliche Lernarrangements, die sich zunächst stark auf die Grundschule bezogen. So führt die Abteilung Chemie seit 2004 das Projekt ‚NAWI lino – Chemie für Kinder' durch. Die Abteilung Physik entwickelte zwei Projekte Mini-Phänomena sowie ‚AG KLEX – Kinder lernen experimentieren'.

Da die Geographie eine Brückenfunktion zwischen den Natur- und Sozialwissenschaften einnimmt, sollte das Projekt ‚Geographicus – die Erde erkunden' nicht ausschließlich naturwissenschaftliche Aspekte des Faches berücksichtigen. Im Bildungsplan 2004 findet man geographische Inhalte und Fachmethoden in vier weitere Kompetenzfeldern des Fächerverbundes MNK:

- Heimatliche Spuren suchen, entdecken, gestalten,
- Mensch Tier und Pflanze: staunen, schützen, erhalten und darstellen,
- Raum und Zeit erleben und gestalten,
- Kinder der Welt: sich informieren, sich verständigen, sich verstehen.

Das Kompetenzfeld ‚Heimatliche Spuren suchen, entdecken, gestalten' listet die Orientierung auf Karten, Skizzen, Plandarstellungen und Modellen als einen inhaltlichen Aspekt auf. ‚Raum und Zeit erleben und gestalten' stellt ein weiteres Kompetenzfeld dar, welches geographische Aspekte beinhaltet, wie beispielsweise Zeitphänomene durch das Messen von Zeit.

2 Ziele des Projektes Geographicus
- Wecken des Interesses von Grundschülerinnen und Grundschülern[1] an Fragestellungen der Geographie
- Entwicklung von methodischen Kompetenzen der Schüler
- Unterstützung der Unterrichtspraxis zu ausgewählten Themen des MNK-Unterrichtes
- Befähigung von Lehramtsstudierenden mit Schwerpunkt Grundschule, den fachlichen Hintergrund zu erfassen und sowohl sachgerecht als auch methodisch für Grundschüler aufzuarbeiten.

3 Eckdaten und Inhalte des Projektes

Die Konzeption von Geographicus wurde im Sommersemester 2006 im Rahmen eines Projektseminars von den teilnehmenden Studierenden und Prof. Dr. Ringel entwickelt.

Seit dem Wintersemester 2006/07 haben etwa 2.000 Schüler aus den Landkreisen Breisgau-Hochschwarzwald, Emmendingen, Lörrach und der Ortenau sowie aus dem Stadtgebiet Freiburg am dem Projekt Geographicus teilgenommen.

Jeden Freitag besucht eine Klasse der 3. oder 4. Jahrgangsstufe, alternativ auch eine jahrgangsgemischte Lerngruppen, das Projekt Geographicus an der PH. Die Schüler werden von ca. 21 Studierenden des Grundschullehramtes betreut. Die erfolgreiche Teilnahme an einem solchen Projekt ist für Studierende des Grundschullehramtes mit zwei Sachunterrichtsfächern (Biologie, Chemie, Geographie, Geschichte, Politikwissenschaften, Physik, Wirtschaftslehre) verpflichtend. Die Studierenden werden in zwei Gruppen eingeteilt. Zum einen hat ein Teil der Teilnehmer Geographie als ein Sachunterrichtsfach studiert und hat somit geographische Kompetenzen. Die andere Gruppe verfügt über keine geographischen Grundkenntnisse und greift im schlechtesten Fall auf das Wissen zurück, welches sie bis zur 10. Klasse erworben hat.

Abb. 1: Geographicus

Organisatorisch ist Geographicus in Form eines Lernens an Stationen konzipiert. Abb. 1 bietet einen Überblick über die Themen der Stationen.
Folgende Übersicht ermöglicht einen Einblick in wesentliche Tätigkeiten und zeitlichen Umfänge an den einzelnen Stationen:

---

[1] Aus Gründen der besseren Lesbarkeit wird auf dieser Website die maskuline Schreibweise verwendet. Grundsätzlich bezieht sich diese Form jedoch immer auf beide Geschlechter.

Name der Station	Kurzbeschreibung	Zeit
Gesteine ordnen	Die Lernenden ordnen unterschiedliche Gesteine hinsichtlich Farbe, Größe, Körnung und Gewicht. Ferner bestimmen sie das Vorhandensein von Kalk in unterschiedlichen Gesteinen durch den Salzsäuretest.	20 Minuten
Bau einer Windfahne	Die Lernenden bauen eine Windfahne nach Anleitung zusammen.	10 Minuten
Demonstration von Tag und Nacht sowie Monat und Jahr	Die Lernenden lokalisieren Deutschland auf einem Globus. Ferner erfolgt eine Demonstration der Entstehung von Tag und Nacht mit Hilfe eines Tageslichtprojektors. Im Weiteren wird an einem Tellurium die Entstehung von Monat und Jahr demonstriert.	10 Minuten
Experimente zur Bodendurchlässigkeit	Die Lernenden messen die Wasserdurchlässigkeit von Ton, Sand, Kies und Blumenerde.	15 Minuten
Versuch zum Wasserkreislauf	Die Lernenden beantworten durch Beobachtung von Versuchen folgende Fragestellung: "Warum regnet es kein Salzwasser, wenn das Wasser über dem Meer verdunstet?"	20 Minuten
Orientierung mit Kompass; Klimaelemente messen	Die Lernenden lokalisieren die Himmelsrichtungen mit Hilfe des Kompasses, Windrose und unterschiedlichen Merksprüchen. Ferner messen sie die Temperatur im Schatten und in der Sonne sowie die Windgeschwindigkeit mithilfe einer mobilen Wetterstation.	15 Minuten
Blick in die Welt	Die Lernenden nehmen Gewürze mit allen Sinnen wahr und lokalisieren die Anbaugebiete unterschiedlicher Gewürze auf der Weltkarte.	20 Minuten

4 Ein typischer Freitag

Die folgende Darstellung eines typischen Freitags bezieht sich auf den zweiten Block der Veranstaltung. Der Ablauf des ersten Blockes, die fachwissenschaftliche und fachdidaktische Einführung, wird in Kapitel 5 näher beschrieben.

Die studentischen Teilnehmer treffen um 9.00 Uhr ein und bereiten nach einer kurzen Begrüßung die Lernumgebung für das Lernen an Stationen vor. Hierfür wird die gewohnte frontale Sitzordnung des Seminarraumes aufgelöst und Gruppentische hergestellt. Die insgesamt sieben Stationen finden in vier unterschiedlichen Räumlichkeiten statt. Im Seminarraum werden zwei Stationen aufgebaut (Demonstration von Tag und Nacht sowie Monat und Jahr, Gesteine ordnen und Bau einer Windfahne). Im Laborraum, welcher sich auf der gleichen Etage befindet, werden zwei weitere Stationen (Experiment zur Bodendurchlässigkeit und Versuch zum Wasserkreislauf) errichtet. Im Medienraum der Geographie befindet sich die Station Blick in die Welt. Die Station Orientierung mit dem Kompass, Messung von Klimaelementen erfordert das Verlassen des Gebäudes. Aus diesem Grund wird diese im Foyer eingerichtet.

Die Klasse trifft um 9.45 h an der PH ein. Nach einer kurzen Begrüßung erfolgt ein kurzes Gespräch hinsichtlich der Schülervorstellungen zum Fach Geographie bzw. Erdkunde. Neben dieser fachlichen Einführung erfolgt Organisatorisches, wie beispielsweise das Verteilen von Namensschildern und Arbeitsheften mit einem Laufzettel. Die Klasse wird per Zufallsprinzip in Kleingruppen von zwei bis vier Schülern eingeteilt. Jeder Gruppe wird eine studentische Begleitung zugeordnet. Dieser studentische Teilnehmer ist nun für die nächsten zwei Stunden die Ansprechperson für diese Gruppe. Sie führt die Schüler von einer Station zur nächsten und hat für alle Probleme ein offenes Ohr. Von den insgesamt 21 studentischen Teilnehmern übernehmen sieben die Betreuungsfunktion. Die anderen 14 Teilnehmer stehen als Experten an den sieben Stationen, welche von den Gruppen in festgelegter Reihenfolgen besucht werden. Aufgrund der unterschiedlichen Länge der verschiedenen Stationen spielt das Zeitmanagement eine wichtige Rolle.

Die Reflexion des Lernens an Stationen erfolgt von etwa 12.00 h bis 12.15 h mit der gesamten Schulklasse. Nachdem die Schüler die PH verlassen haben, erfolgt der Abbau der Stationen.

5 Semestergestaltung des Projektes Geographicus

Das Projekt Geographicus setzt sich aus den drei Blöcken Vorbereitung, Durchführung und Reflexion zusammen.

Der erste Block beinhaltet die fachliche und methodische Einarbeitung der teilnehmenden Studierenden innerhalb von drei Seminarsitzungen von jeweils vier Semesterwochenstunden. Dieses erfolgt nach einer spezifischen Dramaturgie. Zunächst erfolgt ein Rollenspiel, in dem die Studierenden die Schülerrolle einnehmen und die Seminarleitung die Rolle der Stationsbetreuung einnimmt. Hierbei können sich die Studierenden, im Besonderen die Studierenden mit wenig bzw. keinen geographischen Vorkenntnissen, in einem bewertungsfreien Raum zu den geographischen Themen äußern. Im Anschluss an dieses Rollenspiel erfolgt eine Reflexionsphase, in der die Aktivitäten der Schüler beschrieben werden und die fachlichen sowie fachdidaktischen Lücken der studentischen Teilnehmer aufgegriffen werden. Um diese Lücken zu schließen, folgt darauf die Phase des fachwissenschaftlichen Inputs, welche frontal mit Unterstützung von Präsentationen durch die Seminarleitung erfolgt. Neben der Vermittlung von Fachinhalten wird ebenfalls der Einsatz der unterschiedlichen Medien (Karte, originale Gegenstände, dreidimensionale Modelle, Kompass usw.) didaktisch begründet. Zum Abschluss des ersten Blocks wird nochmals ein Rollenspiel durchgeführt. Nun übernimmt jedoch ein Teil der Studierenden ihre zukünftige Rolle als Wissensvermittler und der andere Teil die Schülerrolle. Damit jeder studentische Teilnehmer in seine künftige Rolle schlüpfen kann, werden nun der Rollen getauscht.

Der zweite Block umfasst etwa neun Seminarsitzungen. In diesem Zeitraum besucht eine Lerngruppe aus dem Raum Freiburg die Pädagogische Hochschule. Der Ablauf dieses typischen Freitages wurde im vorherigen Kapitel erläutert.

Der letzte, dritte Block beinhaltet die Reflexion der Veranstaltung.

6 Stärken und Schwächen

Die Veranstaltung ‚Geographicus – die Erde entdecken' kann aus unterschiedlichen Perspektiven bewertet werden, aus der Perspektive der Schüler, der teilnehmenden Studierenden, der Lehrer sowie der Dozentenperspektive.

Schülerperspektive
Aus der Schülerperspektive wird die Arbeit in Kleingruppen von maximal vier Schülern als sehr positiv bewertet. Auf dieser Basis kann die hohe Schüleraktivität gewährleistet werden. Sie steigert die Motivation der Schüler an den unterschiedlichen Stationen. Die sieben thematisch unterschiedlichen Stationen bieten den Schülern ferner vielfältige Einblicke in die Geographie. Neben dem thematischen Wechsel an jeder Station erfolgt auch ein Wechsel hinsichtlich der Anwendung von unterschiedlichen Fachmethoden, wie beispielsweise Beobachten, Messen, Sortieren usw.
Negativ zu bewerten ist der Zeitdruck, unter dem die Schüler während der zwei Stunden arbeiten müssen. Außerdem bieten die erprobten Medien der Stationen nur geringe Möglichkeiten zur Individualisierung.

Studentenperspektive
Die größte Stärke des Lernarrangements Geographicus aus der studierenden Perspektive liegt im Sammeln von Praxiserfahrungen. Neben unterschiedlichen schulischen Praktika, welche die Studierenden der Pädagogischen Hochschule absolvieren, bietet dieses Seminar den studentischen Teilnehmern die Möglichkeit, Lernangebote mit Schülern durchzuführen. Weiterhin dient das Seminar der Stärkung bzw. dem Aufbau von geographischer Fach- und Methodenkompetenz. In diesem Zusammenhang wird die inhaltliche Vielfalt von den Studierenden gelobt, da diese Auswahl an Stationen die Motivation erhöht.
Eine Schwäche dieses Seminars stellen für einige studentische Teilnehmer die vorgefertigten Stationen dar. Die seit Jahren erprobten Materialien bietet auf der einen Seite Zuverlässigkeit, auf der anderen Seite schafft es jedoch keine echte Identifikation zwischen dem Studierenden und den Stationen. Somit wurde der Wunsch von einigen Teilnehmern geäußert, dass sie zu Beginn des Semesters eigene Stationen konzipieren möchten.

Lehrerperspektive
Die Lehrerinnen und Lehrer, die das Lernarrangement Geographicus besuchen, sind zum größten Teil ‚Wiederholungstäter'. Somit wird dieses Angebot sehr gut bewertet. Besonders positiv empfinden die Lehrkräfte die fachliche Entlastung, da sie oft keine geographische/naturwissenschaftliche Grundbildung in der Hochschulausbildung genossen haben. Aus diesem Grund begrüßen es viele Lehrerinnen und Lehrer, dass die Studierenden mit den Schülern einige der durch den Bildungsplan vorgegebenen Versuche durchführen, da ihnen hier die fachliche Kompetenz fehlt. Ferner stellt die materielle Ausstattung der Grundschulen ein weiteres Problem dar, welches es den Lehrkräften schwer macht, experimentell zu arbeiten.
Des Weiteren übernimmt das Lernarrangement Geographicus eine Fortbildungsfunktion, da einige Lehrkräfte die Arbeit an den unterschiedlichen Stationen intensiv beobachten und somit sowohl ihre Fachkompetenz als auch ihre (Fach-) Methodenkompetenz stärken. Die intensive Beobachtung der Schüler an den Stationen führt jedoch auch dazu, dass die Lehrkräfte die Lernenden aus einer anderen Perspektive

wahrnehmen und sich somit vielfach ein anderes bzw. neues Bild ihrer Schüler machen können.
Neben diesen positiven Aspekten wird jedoch die inhaltliche Vielfalt von einigen Lehrkräften als eine Schwäche aufgefasst. In diesem Zusammenhang wurde der Wunsch nach einem Lernarrangement geäußert, welches die Konzentration auf einen inhaltlichen Schwerpunkt bietet, wie beispielsweise dem Wasserkreislauf oder der Kartenarbeit.
Diese Kritik hinsichtlich der inhaltlichen Vielfalt schwächt jedoch die Stärke aus der Perspektive der Studierenden und der Schüler, da sie diese inhaltliche Vielfalt als positiv bewerten.

Dozentenperspektive
Aus der Dozentenperspektive stellt der enge Kontakt zu den Studierenden eine entscheidende Stärke dar. In der Beobachterrolle kann der Dozent den studentischen Teilnehmern Hinweise zur Formulierung von Fragen oder zum Einsatz der unterschiedlichen Medien geben. Ergänzend wird der Kontakt zur Schule durch die Veranstaltung Geographicus intensiviert. Im Gespräch mit den Lehrkräften bekommt der Dozent einen Einblick in die Unterrichtspraxis heimischer Grundschulen.
Eine Schwäche der Veranstaltung ist die Leistungsbewertung der Studierenden, die laut Studienordnung gefordert wird. Ein großer Teil der Seminararbeit besteht in der Betreuung der Schüler. In diesem Lernkontext ist eine Leistungsbewertung pädagogisch nicht sinnvoll. Aus diesem Grund erfolgt die Bewertung der Leistung auf Basis einer Hausarbeit, welche die Reflexion einer ausgewählten Station beinhaltet.

7 Ausblick
Um die Kritik der inhaltlichen Vielfalt aufzugreifen, wurde im Sommersemester 2011 eine Geographicus-Version mit einem inhaltlichen Schwerpunkt unter der Leitung von Frau Hölscher und teilnehmenden Studierenden entwickelt: Geographicus – erkundet den Schwarzwald. Leider konnte diese Version aufgrund konzeptioneller Probleme nicht dauerhaft angeboten werden.
Eine weitere Geographicus-Version wurde von einer Studentin im Rahmen einer wissenschaftlichen Hausarbeit erstellt. Im Rahmen dieser Konzeption wurde ein Schwerpunkt auf das Lernen vor Ort gelegt, so dass diese Version den Titel ‚Geographicus-Outdoor – den Schönberg erkunden' trägt.
Zukünftig soll eine Erweiterung der Zielgruppe erfolgen, indem auch für Lerngruppen der Sekundarstufen I und II Geographicus-Versionen konzipiert werden sollen. Mögliche Themen wären beispielsweise Textilproduktion in Bangladesch oder Sündenbock: Klimawandel.

8 Literatur
MINISTERIUM FÜR KULTUS, JUGEND UND SPORT (Hrsg.) (2004): Bildungsplan für die Grundschule. Stuttgart.

Detlef Kanwischer, Inga Gryl
Raumtheorie und Biographie
Didaktische Handlungsperspektiven für die Hochschullehre

1 Biographie und Lehren

Ausgangspunkt unseres Beitrages ist der Satz von TERHART (1990), dass „Lehrer-Werden und Lehrer-Sein" (S. 247) ein lebenslanger Prozess ist. Wenn das Lehrer-Werden und das Lehrer-Sein tatsächlich als lebenslanger Prozess verstanden wird, dann eröffnen sich für die Ausbildung an der Hochschule neue Dimensionen und Ansätze, da auch die eigene Biographie eine nicht unerhebliche Rolle im Lernprozess spielt. Dies wird auch mittels der folgenden Beispiele deutlich, die den Zusammenhang zwischen Biographie und Lehren thematisieren.

Beispiel 1: Liegestütze und Hausaufgaben

„Seminarleiterin: Was machen sie später als Physiklehrer, wenn ein Schüler seine Hausaufgaben vergessen hat?

Student: Na, den lass' ich zehn Liegestütze machen.

Seminarleiterin: Woher haben sie diese Idee?

Student: Das habe ich selber so erlebt und ich habe dann bei dem Lehrer nie wieder die Hausaufgaben vergessen" (RIßMANN U.A. 2013, 128).

Das Beispiel zeigt auf, dass Lehrer, wie es BERNFELD (1971, S. 141) beschrieben hat, es nicht nur mit dem Schüler vor sich zu tun haben, sondern sich auch mit dem Schüler in sich auseinandersetzen müssen. Im Laufe unserer berufsbiographischen Entwicklung erleben wir schon während der Schulzeit Erfahrungen, die sich später auf unsere Lehre auswirken. GRUSCHKA (2002, S. 22) verdeutlicht: „(...) mit der Voraussetzung von 13 Jahren Schulerfahrung ist bei den Studierenden ein Bild von der Sache (Unterricht und Didaktik) bereits zu Beginn des Lehrerstudiums in Grundzügen festgelegt. Wenig spricht dafür, dass während des Studiums Studierende eine völlig neue Sicht ihrer späteren Praxis entwickeln. Sie sind vielmehr lediglich empfänglich für praktische Modelle, die sie mit ihren Vorerfahrungen verknüpfen können.". Auch KIEL, POLLAK (2011, S. 3) argumentieren in eine ähnliche Richtung: „Lehramtsstudierende treten mit vielfältigen Familien- und Schulerfahrungen in das Lehramtsstudium ein. Sie bringen Konzepte von Erziehung, Lehren und Lernen in die Ausbildung mit, die sich bisweilen in allen Phasen der Lehrerbiografie als wirkmächtiger erweisen als die in den zwei Ausbildungsphasen vorgestellten theoretischen und handlungspraktischen Konzepte" (vgl. auch SCHWARZER, HELLER 2010; BESAND 2009; SCHÖNKNECHT 1997; SEYDEL, 2004).

Diese Aussagen verweisen darauf, dass die erste und zweite Phase der Lehrerbildung im Hinblick auf Didaktik und Unterricht zwingend darauf angewiesen ist, biographische Aspekte zu berücksichtigen. Aber auch aus fachlicher Perspektive ist es notwendig, die berufsbiographische Prägung zu thematisieren, wie dies das folgende Fallbeispiel illustriert.

Beispiel 2: Zum Grundcharakter des Faches Geographie
Interviewer: Inwiefern ist für Sie die Geographie ein Wirtschaftsfach? Welche Leistungen kann die Geographie als Wirtschaftsfach erbringen?
Lehrer: Die Geographie ist für mich eigentlich nicht unbedingt ein Wirtschaftsfach. Ich bevorzuge die naturwissenschaftlichen Themen der Geographie. Ökonomische Geographie ist in meinen Augen notwendig, sollte aber nicht überbewertet werden, denn vieles, was die Schüler über Wirtschaftsbereiche wissen müssen, können sie auch in anderen Fächern erlernen, z.b. in Sozialkunde und dem Fach Wirtschaft und Recht.
Interviewer: Können Sie sich vorstellen, dass die Geographie im Verbund mit Geschichte und Sozialkunde als Gesellschaftslehre unterrichtet wird?
Lehrer: Geographie im Verbund mit Geschichte und Sozialkunde als Gesellschaftslehre zu unterrichten könnte ich mir vorstellen, sehe aber ein Problem in der Ausbildung unserer Generation, die dazu nicht stattgefunden hat. Deswegen würde ich von meiner Seite auch erst mal diese Gesellschaftslehre ablehnen.

Diese Interviewsequenz bezieht sich nicht auf die eigene Schulzeit, sondern auf die Ausbildungsphase und auf die Phase einer gesellschaftlichen Umbruchsituation. In der Studie „Der Lehrer ist das Curriculum!? Fortbildungsverhalten, Fachverständnis und Lehrstile Thüringer Geographielehrer" (KANWISCHER U.A., 2004) wurde nachgewiesen, dass sowohl die fachwissenschaftliche Ausbildung an der Universität wie auch gesellschaftliche Umbruchsituationen und damit einhergehende Unsicherheiten einen starken Einfluss auf das spätere Fachverständnis haben können. Bezüglich des Grundcharakters der Geographie konnte z.B. eine starke Polarisierung zugunsten der Geographie als Naturwissenschaft unter den Thüringer Geographielehrern ermittelt werden; nur zwei Drittel sehen den Grundcharakter zugleich als gesellschaftswissenschaftlich an, obwohl dies im Lehrplan verankert ist. Erklären lässt sich dieser Befund dadurch, dass die Schulgeographie in der DDR nicht mit Geschichte und Sozialkunde im Verbund unterrichtet wurde, sondern ökonomisch ausgerichtet war. Da nach der Wende die ökonomischen Inhalte aufgrund der kommunistischen Prägung nicht mehr unterrichtet werden sollten, es zu einer anderen Geographie aber keine Ausbildung gab, haben sich viele Lehrer auf die Vermittlung der naturwissenschaftlich geprägten Geographie in der Schule zurückgezogen. Diese berufsbiographische Prägung wird von vielen Thüringer Lehrern, auch 15 Jahre nach der Wende, nicht hinterfragt. Dieses Beispiel verdeutlicht, wie schwierig es ist, eine einmal angenommene fachliche Identität bzw. subjektive Theorie zu revidieren, auch wenn im Thüringer Lehrplan, der für alle Lehrer die Grundlage des Unterrichtes ist, Geographie als Gesellschaftswissenschaft und nicht als Naturwissenschaft festgeschrieben ist. Gerade dieses Beispiel zeigt auf, welche Rolle biographische Aspekte dabei spielen, wenn Innovationen in die Schule getragen werden sollen.

Als Zwischenfazit können wir festhalten: Welche Lern- und Fachkultur ein Lehrer stiftet, ob er inspiriert oder instruiert, hat viel mit seiner Biographie zu tun. Aus der Lebenserfahrung hunderttausender Individuen lässt sich eine Atlaskarte des Menschenlebens in den westlichen Industriegesellschaften denken. Diese enthält – wie jede Karte – nicht die konkret gegangenen Wege, sondern die Spielräume zum Gehen. Ein bildhaftes Beispiel hierfür liefert die Landkarte des Normalen Lebens von STEVEN APPLEBYS (2001).

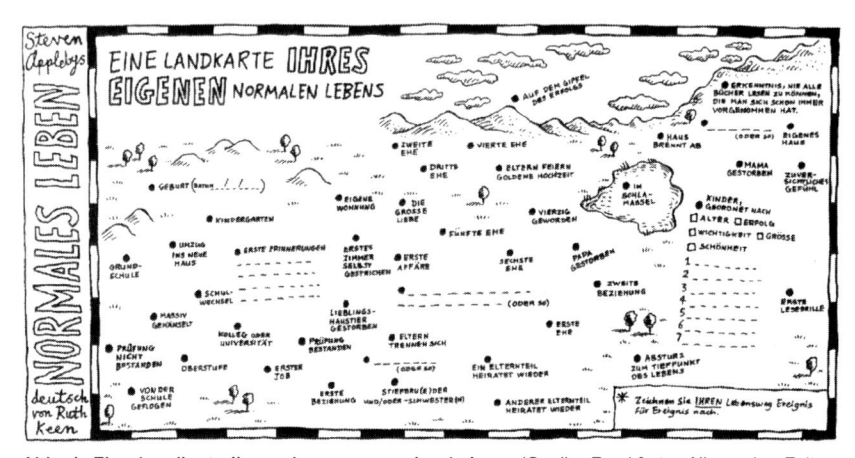

Abb. 1: Eine Landkarte Ihres eigenen normalen Lebens (Quelle: Frankfurter Allgemeine Zeitung vom 5.9.2001)

Die Landkarte des Normalen Lebens eröffnet für die Optimierung der Lehre aus unserer Sicht zwei Perspektiven, die auch schon in den oben genannten Beispielen deutlich wurden. Dies ist zum einen die Programmierung durch Schulunterricht, Lektüre, Fernsehkonsum und Verhalten der Mitmenschen, die unsere eigene Lehre beeinflusst. Zum anderen können aber auch die lebensgeschichtlichen Erfahrungen, die wir in uns tragen – vom Mutterleib an bis hin zu Krankheiten, Spielumgebung, familiären Beziehungen etc. – für die Lehre fruchtbar gemacht werden. Auf diese letztgenannte Perspektive möchten wir im Folgenden unseren Fokus legen.

2 Biographische Selbstreflexion und fachliches Lernen

Die Verknüpfung von Sachinhalt, Lebensgeschichte und Erkenntnis verdeutlicht ROGAL (2003) mit dem Biographikum-Lernkonzept, das auf folgenden Annahmen beruht:
1. Meine Lebensgeschichte bestimmt meine Rezeption des Sachinhalts.
2. Im Sachinhalt können fachliche wie biographische Erkenntnisse angelegt sein.

3. Biographische/fachliche Erkenntnisse können Aspekte meiner Lebensgeschichte in neuem Licht erscheinen lassen.
4. Der Sachinhalt kann spezifische Aspekte meiner Lebensgeschichte fokussieren.
5. Meine Lebensgeschichte kann (mir) individuelle Erkenntnismöglichkeiten eröffnen.
6. Fachliche/biographische Erkenntnisse können (m)ein vertieftes Verständnis des Fachinhalts fundieren.

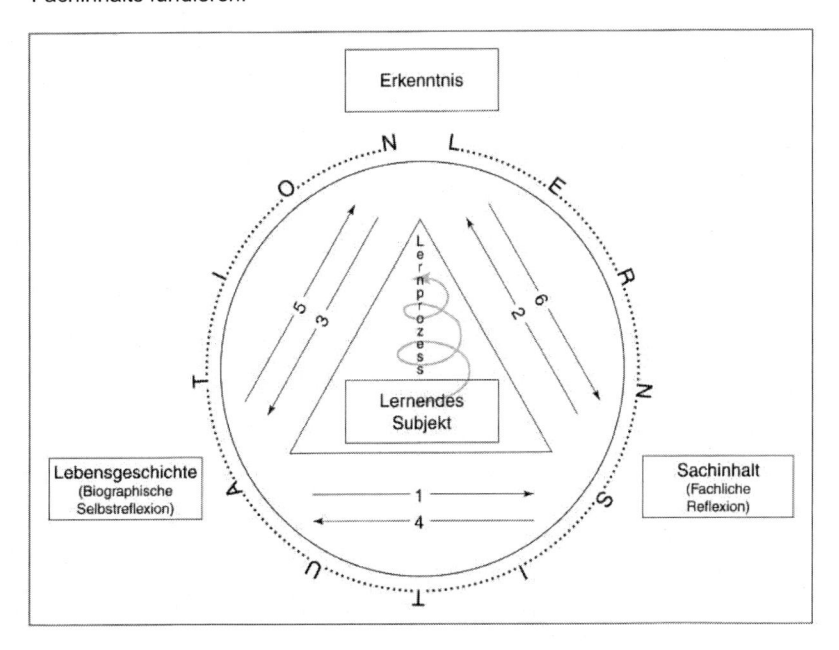

Abb. 2: Das Dreieck biographischen Lernens (ROGAL 2003, S. 5)

Mit dem Ansatz des Dreiecks des biographischen Lernens haben wir seit einigen Jahren in der Lehre verschiedentlich experimentiert, weil uns dieser Ansatz ermöglicht, auch fachliche Aspekte mit den Studierenden zu reflektieren. Zudem lässt er sich auch mit dem Ansatz des verständnisintensiven Lernens nach FAUSER (2003) verknüpfen, der davon ausgeht, dass bei einem Lernprozess an Erfahrungen angeschlossen und Vorstellungen gebildet werden sollen, bevor Begriffe bzw. Theorien eingeführt und über diese auf einer Metaebene reflektiert wird. Im Folgenden stellen wir eine hochschuldidaktische Übung zur Vermittlung von unterschiedlichen theoretischen Ansätzen zur Erklärung von Raumkonzepten vor. Gerade die soziale Konstruktion von Räumen erschließt sich vielen Studierenden nur schwer und kann mit der beschriebenen Übung anschaulicher gemacht werden.

3 Didaktische Übung: Raumtheorie und Biographie

Das Konzept umfasst vier Sitzungen und kann damit einfach in umfangreichere Seminarplanungen eingebettet werden. Die folgende Beschreibung wurde beispielsweise in einem Seminar zur Stadt als Lebensraum erprobt. Das biographisch erlebte Raumaneignen der Kindheit und Jugend dient dabei als Ankerpunkt für die Studierenden, eigenes und fremdes Geographie-Machen zu verstehen und damit Raumkonzepte mit Leben zu füllen.

In der ersten Sitzung werden die Teilnehmenden ermuntert, ihre Erfahrungen hinsichtlich der (vor allem lokalen, auf das alltägliche Lebensumfeld konzentrierten) Raumaneignung ihrer Kindheit und Jugend zu reflektieren. Folgende, auf verschiedene subjektive Raumkonzepte abzielenden Leitfragen dienen der Orientierung:

- Wie haben Sie ihr damaliges Wohnumfeld (Wohnhaus, Straße etc.) wahrgenommen? Wer hat dieses Umfeld aus anderer Perspektive wahrgenommen und weshalb?
- Wann und wo haben Sie als Kind und Jugendlicher räumliche Integration bzw. Ausgrenzung erfahren? Welche ‚Raumwärter' (Hausmeister, Eltern, ältere Kinder) gab es und ist es mit ihnen zu Konflikten gekommen?
- Welche Räume (auch virtuelle) haben Sie sich als Kind erobert?

Eine exemplarische Antwort einer Studierenden illustriert, wie das Raumaneignen im Sinne eines Vorbereitens des Raumes für das eigene Handeln (vgl. DAUM 2006) durch handlungsleitende Regeln oder auch vollständige Exklusion beeinflusst und sozial determiniert wird: „Im Treppenhaus und hinter dem Haus, wo ein Rasen war, kontrollierten andere Mieter das Verhalten: lautes Spielen oder Herumlaufen wurden unterbunden. In Kindergarten und Schule war es nur auf dem jeweiligen Gelände erlaubt, sich frei zu bewegen, der Weg dorthin war begleitet von Eltern, älteren Kindern, Verwandten und man konnte nicht frei herumlaufen und neue Ecken des Reviers erkunden."

An dieser Stelle wird deutlich, warum sich der biographische Ansatz besonders gut zur Intensivierung des Verständnisses sozialer Raumkonstruktionen eignet: Gerade die Metaebene auf Kindheitserlebnisse verdeutlicht die Bedeutsamkeit von Macht(-gefällen) in der Konstruktion von Raum, hinsichtlich Verfügungsmacht über das Physisch-Materielle (als zahlende Mieter) ebenso wie über Personen und deren Handlungen (als erziehungsberechtigte Eltern). Spätere Machtdifferenzen sind weniger offensichtlich, um das initiale Verständnis über konstruierte Räume zu stützen. Über die Narrationen treten die Studierenden in einen Dialog über ihre persönliche Raumsozialisation, über verschiedene Perspektiven auf Räumlichkeit, über Gestaltungsmöglichkeiten und -macht. Praktisch inspirierte Begriffe aus der sozialen Arbeit wie institutionalisierte und nicht-institutionalisierte Räume, Inklusion und Exklusion können erste Strukturierungshilfe bieten (vgl. NISSEN 1998; SCHUMANN o.J.).

In der zweiten Sitzung versuchen die Studierende die Räume ihrer Kindheit und Jugend zu visualisieren. Als erstes wird PFEILS (1955) Modell der konzentrischen Kreise genutzt (Abb. 3). In diesem Raum-Zeit-Diagramm wird die Ausweitung des kindlichen ‚Reviers' illustriert, indem mit zunehmendem Lebensalter analog zur Selbstständigkeit die Wirkungskreise in zunehmende Distanzen zur Wohnung ausgeweitet werden. Eine Seminarteilnehmerin hat dies beispielhaft beschrieben: „Später kamen Busfahrten in weiter entfernte Schulen hinzu, wo der Busfahrer oder andere Fahrgäste das Verhalten kontrollierten. Auch hier war kein Abweichen von der direkten Route ‚Zuhause-Schule' möglich. Gleichzeitig habe ich aber auch schon in jedem Lebensalter regelmäßig weitere Strecken zu Verwandten und Freunden durchgeführt. Daher ist für mich die Darstellung mittels gleichmäßiger Kreise unpassend."

Die Narration zeigt tatsächlich eine Ausweitung, aber diese erfolgt nicht ringförmig. Daher werden die Studierenden schon bald auf die Grenzen dieses absolut-räumlichen Modells stoßen, das mit alternativen Transportwegen und -mitteln, erhöhter Mobilität und generell verschiedenen Funktionen der angeeigneten Räumlichkeiten nicht umgehen kann. Die kritische Reflexion muss somit eine sich konsequent anschließende Aufgabenstellung sein.

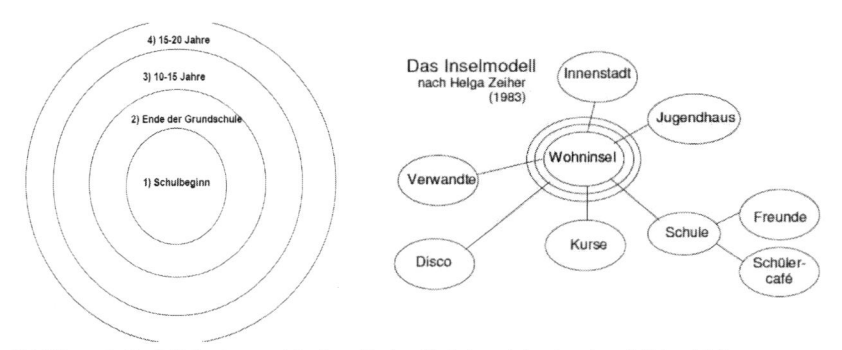

Abbildung 3: Modell der konzentrischen Kreise (links) und das Inselmodell (rechts)

Als alternative Visualisierung, gerade vor dem vor dem Hintergrund einer zunehmenden Mobilität auch der Heranwachsenden, wird das Inselmodell (ZEIHER, ZEIHER 1998) erprobt (Abb. 3). In diesem ist der Lebensraum auf Inseln verteilt dargestellt, wobei der Raum zwischen diesen als bedeutungslos erfahren wird. Die Erreichbarkeit der Inseln liegt nicht allein in der Kraft der Kinder und Jugendlichen – sie sind abhängig von Türöffnern, wie etwa Eltern, die sie hinfahren. Auch wenn der Raum auf diese Weise scheinbar aufgelöst wird, ist das Modell ebenfalls absolut-räumlich. Distanzen spielen als zu überwinden eine bedeutsame Rolle. Eigene Mobilitätserfahrungen der Lernenden können hier die Aufladung der Zwischenräume erfahrbar machen. Eine weitere Reflexion wird zudem ins Bewusstsein bringen, dass unterschiedliche Deutungen der Inseln und virtuelle Räume – obgleich deren Abgrenzung dank

Georeferenzen und/oder augmented reallity nicht mehr drastisch von der physisch-materiellen Welt erfolgen kann (DICKEL, JAHNKE 2012) – schwer ins Modell einzubringen sind.

Die Vorstellungsbildung muss daher durch die Begriffsbildung erweitert werden. In der dritten Sitzung folgt demnach eine Theoriediskussion aus Sicht der (didaktisch angewandten) Sozialgeographie, um die in der eigenen Biographie beobachteten, mit traditionellen absolut-räumlichen Modellen nicht – zumindest nicht vertieft und reflektiert – beschreibbaren Phänomene zu benennen. Diese wird angeregt durch anschlussfähige Texte wie WARDENGA (2002), DICKEL (2006), DAUM (2007) und RHODE-JÜCHTERN (2009). Vor diesem Hintergrund zeigen die Narrationen der Studierenden auf, dass es unterschiedliche Perspektiven auf Räume geben muss (Konflikte mit ‚Raumwärtern') und dass Räume sozial konstruiert werden (Durchsetzung von Handlungsregeln für einen Raum). Andererseits treten auch begriffliche Feinheiten zu Tage, die die lebensweltliche Komplexität verstehbar machen: Die Institutionalisierung von Räumen beispielsweise bezieht sich in der sozialen Arbeit auf die Zielgruppe Kinder/Jugendliche (Spielplatz, Jugendzentrum), so dass andere Räume als nicht-institutionalisiert bezeichnet werden (Wald, Brachfläche). In der Geographie hingegen sind Räume generell institutionalisiert (vgl. PAASI 1986), weil konstruiert, hauptsächlich jedoch mit Bedeutungen, die die Handlungen von Kindern und Jugendlichen nicht fördern. Andererseits sind für Kinder und Jugendliche institutionalisierte Räume oftmals auch Orte des Erfahrens einer erhöhten Kontrolle, so dass eine begriffliche Differenzierung schon sinnvoll erscheint.

In der vierten Sitzung werden zur Intensivierung des Verständnisses von Räumlichkeit eigene Visualisierungsmöglichkeiten für die biographischen Narrationen durch die Studierenden entwickelt. Diese sollen über eine absolut-räumliche Darstellung hinausgehen, die Konstruktion von Räumen berücksichtigen und auch nicht-materiell verankerte virtuelle Räume involvieren. Eine derartige Konstruktion ist komplex, erfordert Experimentierfreude und Mut, die Grenzen des Darstellbaren auszuloten.

Zusammenfassend werden in den Seminarbausteinen vorrangig folgende Kompetenzen gewonnen:

- Grundlegendes Verständnis verschiedener Raumkonzepte, illustriert und reflektiert am eigenen Erleben;
- Verständnis für das Geographie-Machen der (zukünftigen) SchülerInnen;
- Befähigung zum Anknüpfen an das Geographie-Machen der (zukünftigen) SchülerInnen, um ihnen selbst die Vielfalt der Raumkonzepte nahezubringen.

4 Ausblick

Mit der vorgestellten Übung haben wir in der Hochschullehre gute Erfahrungen gemacht. Die Rückmeldungen der Studierenden waren durchweg positiv. In einem nächsten Schritt wird es darum gehen, die positiven Erfahrungen im Rahmen eines Untersuchungsdesign, wie z.b. durch einen Experimental-Kontrollgruppenvergleich mit Pre-, Post- und Follow-up-Test, empirisch abzusichern. Darüber hinaus bietet sich der Ansatz der Verknüpfung der Biographie und des fachlichen Lernens auch noch für viele weitere Inhalte an. Hinsichtlich des Themenfeldes Mobilität würde es sich z.b. anbieten, mit der Mobilitätsbiographie der Studierenden zu arbeiten. Es ist auch in diesem Fall anzunehmen, dass wir im Laufe unserer Mobilitätsbiographie wesentliche fachlich-theoretische Ansätze der Mobilitätsforschung implizit kennen gelernt haben und diese mittels des Ansatzes des verständnisintensiven Lernens (FAUSER 2003) für die Lehre an der Hochschule fruchtbar machen können. Die Auseinandersetzung mit lebensgeschichtlichen Erfahrungen, die wir in uns tragen, können wahrscheinlich auch noch mit vielen weiteren Themengebieten in der geographischen Lehre an der Hochschule verknüpft werden, wie z.b. der räumlichen Modellbildung, der Globalisierung, der Raum-Identitäts-Konstruktionen, der Imagebildung von Orten, der Tourismusforschung, der Kulturkonstruktion und der Stadtforschung.

Resümierend möchten wir festhalten, dass neue Formen der Lehrerbildung, die nicht auf die frontale Belehrung ausgerichtet, sondern handlungsorientiert sind, die keine fertigen Lösungen anbieten, sondern das Reflektieren ermöglichen, wünschenswert sind, auch wenn ihnen oftmals skeptisch begegnet wird. Wie dringlich solch eine Lernkultur insbesondere in der Lehrerbildung ist, wird in dem Zitat von ALTMANN (1983, S. 20) deutlich, der betont; *„Teachers teach as they were taught, not as they were taught to teach"*. Hiermit wird noch einmal deutlich gemacht, dass pädagogische und didaktische Prägungen und lebensweltliche Erfahrungen, die man im Laufe seiner Biographie erworben hat, nur durch die reflexive Arbeit mit der Biographie einerseits aufgebrochen und andererseits für die Lehre fruchtbar gemacht werden können. Besonders zu beachten ist hierbei jedoch, dass diese reflexiven Übungen angstfrei durchgeführt werden, d.h. eine Benotung wäre kontraproduktiv, da man Reflexion nicht wie eiserne Maße, Formeln oder Vokabeln lehren kann, sondern Reflexion vielmehr eine Haltung ist, die durch Beratung bzw. Coaching gefördert werden kann. Die Studierenden müssen hierbei nicht als Objekte angesehen werden, die einzelne Übungen absolvieren, sondern als Subjekte, die sich mit der eigenen sozialen Wirklichkeit auseinandersetzen. Sie müssen zu reflektiertem Denken angespornt werden und ihnen müssen unbekannte Perspektiven eröffnet werden. Zudem können angehende Lehrende hiermit ein Verständnis erlangen, dass auch ihre SchülerInnen keine unbeschriebenen Blätter, sondern Lernende mit Biographie sind, die diese gerade im Begriff sind fortzuschreiben.

Literaturverzeichnis
ALTMAN, H. (1983): Training foreign language teachers for learner-centered instruction: deep structures, surface structures, and transformations. In: ALATIS, J.A., STERN, H.H., STREVENS, P. (Hrsg.): GURT '83: Applied linguistics and the prepara-

tion of second language teachers: Towards a rationale. Washingtion, D.C., S. 19-26.
BESAND, A. (2009): 12 Jahre Berufserfahrung – die besondere Situation des Lehramtsstudiums als Herausforderung für die fachdidaktische Ausbildung. Journal of Social Science Education 8, S. 46-56.
BERNFELD, S. (1971): Sisyphos oder die Grenzen der Erziehung. Suhrkamp. Frankfurt.
DAUM, E. (2006): Raumaneignung – Grundkonzeption und unterrichtspraktische Relevanz. In: GW-Unterricht 103, S. 7-16.
DAUM, E. (2007): Heimat machen! Über Verbindungen von Ort und Selbst. In: Heimatpflege in Westfalen, H. 2, S. 1-10.
DICKEL, M. (2006): TatOrte – Zur Implementation neuer Raumkonzepte im Geographieunterricht. In: DICKEL, M., KANWISCHER, D. (Hrsg.): TatOrte. Neue Raumkonzepte geographiedidakatisch inszeniert. Berlin, Münster, S. 7-20.
DICKEL, M., JAHNKE, H. (2012): Realität und Virtualität. In: HAVERSATH, J.-B. (Hrsg.): Geographiedidaktik. Braunschweig, S. 236-248.
FAUSER, P. (2003): Lernen als innere Wirklichkeit. Über Imagination, Lernen und Verstehen. In: RENTSCHLER, I., MADELUNG, E., FAUSER, P. (Hrsg.): Bilder im Kopf. Texte zum Imaginativen Lernen. Seelze-Velber, S. 242-286.
GRUSCHKA, A. (2002): Didaktik: das Kreuz mit der Vermittlung. Wetzlar.
KANWISCHER, D., KÖHLER, P., OERTEL, H., RHODE-JÜCHTERN, T., UHLEMANN, K. (2004): Der Lehrer ist das Curriculum!? – Eine Studie zu Fortbildungsverhalten, Fachverständnis und Lehrstilen Thüringer Geographielehrer. Bad Berka.
KIEL, E., POLLAK, G. (2011): Wirksamkeit von Lehrerbildung. Biografiemanagement und Kompetenzentwicklung in der dreiphasigen Lehrerbildung. Online: http://epub.ub.uni-muenchen.de/12292/1/Abschlussbericht_WvL.pdf (Zugriff am: 31.3.2013).
NISSEN, U. (1998): Kind, Geschlecht und Raum. Weinheim.
PAASI, A. (1986): The institutionalization of regions. A theoretical framework for understanding the emergence of regions and the constitution of regional identity. Fennia 1986, no. 1, p. 105-146.
PFEIL, E. (1955): Das Großstadtkind. Stuttgart.
RHODE-JÜCHTERN, T. (2009): Eckpunkte einer modernen Geographiedidaktik. Seelze-Velber.
RIßMANN, J., FEINE, U., SCHRAMM, U. (2013): Vom Schüler zum Lehrer – Biografische Selbstreflexion in der Lehramtsausbildung. JÜRGENS, B., KRAUSE, G. (Hrsg.): Professionalisierung durch Trainings. Aachen, S. 125-136.
ROGAL, S. (2003): Biographikum. Impulse zur pädagogisch-biographischen Reflexion für (angehende) Lehrerinnen und Lehrer aller Schulformen. Donauwörth.
SCHÖNKNECHT, G. (1997): Innovative Lehrerinnen und Lehrer. Berufliche Entwicklung und Berufsalltag. Weinheim.

SCHUMANN, M. (o.J.): Sozialraum und Biographie. Versuch einer pädagogischen Standortbestimmung. Siegen.

SCHWARZER, M., HELLER, F. (2010): Biografisch erworbene subjektive Theorien – zur Begründung biografischer Selbstreflexion in der Lehramtsausbildung. Online: http://www.verstehenlernen.de/wp-content/uploads/Text-zur-biografischen-Selbstreflexion_Heller_Schwarzer.pdf. (Zugriff: 9.1.2013).

SEYDEL, F. (2004): Biografische Entwürfe – Ästhetische Zugänge in der Lehrer/-innenbildung. Köln.

STILLER, E. (1999): Biographisches Lernen im Pädagogikunterricht. In: STILLER, E. (Hrsg.): Dialogische Fachdidaktik, Band 2. Paderborn, S. 185-209.

TERHART, E. (1990): Sozialwissenschaftliche Theorie- und Forschungsansätze zum Beruf des Lehrers: 1970-1990. Zeitschrift für Sozialisationsforschung und Erziehungssoziologie 10, S. 235-254.

WARDENGA, U. (2002): Alte und neue Raumkonzepte für den Geographieunterricht. In geographie heute 200, S. 8-11.

ZEIHER, H. J., ZEIHER, H. (1998): Orte und Zeichen der Kinder. Soziales Leben der Großstadtkinder. Weinheim.

Holger Jahnke, Birte Schröder, Katharina Hoffmann
Einsatz von Lerntagebüchern in der Geographielehrer_innenbildung
Erfahrungen auf der Grundlage theoriegeleiteter Lehrveranstaltungen an der Universität Flensburg

Lerntagebücher werden an der Universität Flensburg bereits seit Jahren in Veranstaltungen eingesetzt, welche gezielt auf die Persönlichkeitsbildung von kritisch-selbstreflektierten Geographielehrer_innen abzielen. Hierbei handelt es sich um theoriegeleitete Veranstaltungen, welche die Vielfalt der Möglichkeiten geographischen Denkens und Handelns in Wissenschaft, Schule und anderen alltagsweltlichen Bezügen explizit in den Vordergrund stellen. Der vorliegende Beitrag versucht, die bisherigen Erfahrungen mit dem Einsatz von Lerntagebüchern zu skizzieren und die gewonnenen Erkenntnisse zu synthetisieren, welche die drei Verfasser_innen in insgesamt fünf evaluierten Hochschulseminaren gewonnen haben.

1 Lerntagebücher als didaktische Instrumente

Lerntagebücher können individuellen Lernprozessen im Sinne der konstruktivistischen Didaktik eine Ausdrucksform geben. Dadurch werden persönliche Bildungsprozesse explizit kognitiviert, schriftlich dokumentiert und somit nicht nur für den oder die Lerner_in, sondern auch für die Lehrperson transparent(er) gemacht.

Zentrales Merkmal von Lerntagebüchern ist, dass sie – ganz im Sinne der konstruktiven Didaktik – den individuellen Bildungsprozess bezogen auf einen konkreten Lerngegenstand sichtbar machen (GLÄSER-ZIKUDA 2007, S. 95). Für Lernende kann das Lerntagebuch damit ein Instrument der Reflexion und Evaluation des eigenen Lernfortschritts auf dem Weg zur Entwicklung einer Selbstkompetenz und einer methodischen (Selbst-)Lernkompetenz (REICH 2012; SCHREDER 2007, S. 54f.) sein.

Der durch die Tagebucheinträge sichtbar gemachte Weg des Lernens findet auf zwei unterschiedlichen Ebenen statt. Auf der kognitiven Ebene ermöglicht das Lerntagebuch eine individuelle Strukturierung neuer Wissens- und Erkenntnisimpulse. Die Prozesshaftigkeit des eigenen Wissensaufbaus kann mit allen Zwischenschritten auf dem Weg zu einem kohärenten Bild sichtbar gemacht werden. In den Lerntagebüchern machen Studierende z.B. kenntlich, welche Verknüpfungen zwischen Wissenselementen sie in späteren Überarbeitungsprozessen neu hergestellt haben. Auf der metakognitiven Ebene bietet die Arbeit mit Lerntagebüchern die Möglichkeit, gezielt die Reflexion und Selbststeuerung des eigenen Lernprozesses anzuregen. Daher werden sie in der Bildungsforschung und -praxis in ihrer Bedeutung für die Entwicklung methodischer Lernkompetenzen diskutiert (GLÄSER-ZIKUDA 2007). Hierbei geht es zum einen um die explizite Kognitivierung der Prozesshaftigkeit des eigenen Lernens und die Überwachung des Verstehens (Monitoringstrategien), zum anderen um die Unterstützung der bewussten Selbststeuerung des eigenen Lernprozesses

(Regulationsstrategien). Denn die Reflexion des Lernprozesses ist Voraussetzung für dessen gezielte eigenständige Steuerung (HÜBNER et al. 2007, S. 124). Hierbei wird davon ausgegangen, dass sich durch die Bilanzierung des eigenen Lernstands neue offene Fragen im selbstgesteuerten Lernprozess herauskristallisieren. Darüber hinaus stellt das Lerntagebuch ein wichtiges Kommunikationsmedium im Dialog zwischen Lehrperson und Lerner_in dar. Aus Sicht der begleitenden Lehrperson fungieren Lerntagebücher als Diagnoseinstrumente der individuellen Lernprozesse der Lernenden und können damit zur gezielten, individualisierten Lernförderung eingesetzt werden, entweder in Form der unmittelbaren individuellen Intervention oder in Form der Gruppenführung im Seminar. Zudem ermöglicht die Auswertung von Lerntagebüchern die Evaluation der eigenen Seminargestaltung, da diese selbst direkt und indirekt Gegenstand der rückblickenden Betrachtung wird (SCHREDER 2007, S. 55). Übertragen auf die Hochschullehre ist die Auseinandersetzung mit den Lerntagebüchern von Studierenden folglich ein valides Instrument der Lehrselbstevaluation und besitzt somit das Potenzial, Grundlage einer kontinuierlichen Weiterentwicklung der Selbstlernkompetenz auch der Lehrperson zu sein.

Lerntagebücher können in unterschiedlichen Formen geführt werden: als handschriftlicher Tagebucheintrag, als Textdatei oder auch online in virtueller Form. Virtuelle online-Lerntagebücher bieten spezifische Potenziale im Lehr-Lerndialog, da sie – ähnlich dem Blog – eine unmittelbare, individuelle Intervention der Lehrperson ermöglichen. Bezüglich der Transparenz ist zu entscheiden, ob die Einträge für die Lehrperson oder gar für die gesamte Lerngruppe sichtbar sein sollen. Eine Transparenz gegenüber den Kommiliton_innen bietet den Vorteil, dass weitere Gedankengänge schon vor der Sitzung rezipiert werden. Bei Fehlsitzungen besteht die Möglichkeit, trotzdem zentrale Diskussionslinien zu erfahren (VENN 2010, S. 11). Andererseits besteht die Gefahr, dass Einträge der Kommilitonen lediglich in Form eines inhaltlichen Abschreibens konsumiert werden.

Für den Lernprozess ist dabei weniger die Materialität des Mediums entscheidend als vielmehr der Grad der Intervention durch die steuernde Lehrperson und somit die Intensität der Interaktion zwischen Lerner_in und Lehrperson. Lerntagebücher können grundsätzlich durch Leitfragen und durch quantitative Vorgaben (z.B. die angegebene Seitenzahlen) vorstrukturiert werden, was sich insbesondere für die Vorbereitung von anspruchsvollen Texten in Form der Reflexion der eigenen Leseerfahrung anbietet. Beim online-Lerntagebuch besteht darüber hinaus die Möglichkeit seitens der Lehrperson, die Einträge der Studierenden vor und nach den Sitzungen einzusehen und zu kommentieren. Dieser direkte Dialog mit der Lehrperson kann gleichzeitig einen wichtigen Motivationsimpuls darstellen.

2 Einsatzbereiche von Lerntagebüchern in der Geographielehrer_innenbildung

Im Teilstudiengang Geographie der Lehrer_innenbildung an der Universität Flensburg werden Lerntagebücher seit mehreren Jahren in Veranstaltungen eingesetzt, deren Inhalt die diskursive Auseinandersetzung mit theorieorientierten wissenschaftlichen Texten zu ausgewählten Themenbereichen darstellt. Ausgehend von der Annahme einer verbreiteten Theoriefeindlichkeit sogenannter Lehr*amts*studierender werden Lerntagebücher als Ausdrucks- und Dokumentationsmedium individueller Lern- und Bildungsprozesse vor allem in Leseseminaren eingesetzt. Die drei ausgewählten Veranstaltungen zu den Themenfeldern Geographisches Denken, Globalisierte Lebenswelten und Bildung für nachhaltige Entwicklung zielen auf die Bildung von drei zentralen Dimensionen der späteren Geographielehrpersönlichkeit ab: die fachliche Dimension des Geographen bzw. der Geographin, die Dimension der theoriegeleiteten Orientierung in der Lebenswelt sowie die didaktisch-normative Dimension der Nachhaltigkeitsbildung.

Hintergrund ist die Erfahrung, dass gerade die theoretischen Konzepte in der universitären Phase der Lehrer_innenbildung wenig Einfluss auf das spätere professionelle Handeln und die Einordnung alltagsweltlicher Vorstellungen haben, also gewissermaßen mit Studienende, wenn nicht sogar mit Semesterende, als abgehakt verbucht werden. In allen drei Fällen fungiert das Lerntagebuch der individuellen Verortung - in den Positionen des geographischen Denkens, in der Komplexität globalisierter Lebenswelten sowie in der komplexen Vielfalt von Zugängen zur Bildung für nachhaltige Entwicklung.

Bildung der eigenen Persönlichkeit als Geograph_in

Das Seminar Positionen geographischen Denkens im Master of Education beschäftigte sich mit den Vorstellungen der Geographie als wissenschaftliche Disziplin, wie sie von ausgewählten repräsentativen Vertretern wichtiger Strömungen der deutschen und angelsächsischen Fachwissenschaft formuliert wurden. Dem Lektüreseminar lagen programmatische Originaltexte von wichtigen Fachvertretern wie beispielsweise Alexander von Humboldt, Carl Ritter, Alfred Hettner, Thorsten Hägerstrand, der Münchner Schule der Sozialgeographie, Yi-Fu Tuan, Dennis Cosgrove oder Gunnar Olsson zugrunde, die von Woche zu Woche gelesen und in der Seminargruppe diskutiert wurden.

Das Lernziel des Seminars bestand weniger darin, einen Wissenskanon über die Hauptvertreter_innen der Disziplin aufzubauen, als vielmehr durch die aktive dialogische Auseinandersetzung mit den Gedanken der Verfasser sich der Vielfalt der Paradigmen bewusst zu werden und das eigene geographische Denken zu verorten. Folglich wurden die wöchentlichen Lerntagebucheinträge der Studierenden an der zentralen Leitfrage orientiert: Was habe ich von dem Geographen X durch die Lektüre des Textes gelernt? Auf diese Weise vertiefen die Studierenden das konstruktivistische Bewusstsein, dass es keine theoriefreie Geographie gibt und sich Geographielehrer_innen in späteren Unterrichtssituationen nicht nur der eigenen Denkposition, sondern auch derjenigen ihrer Schüler_innen bewusst sein sollten. Wenn ein theoriefreier Blick auf die Wirklichkeit nicht denkbar ist, sollte eine Lehrperson die Fähigkeit mitbringen, sich bewusst für (oder gegen) eine bestimmte Art, Geographie zu machen, zu entscheiden. Das Lerntagebuch bietet dann den Anlass, durch die metatheoretische Reflexion die eigene Geographenpersönlichkeit weiter zu entwickeln und zu schärfen und ein Selbstbewusstsein als geographisches Ich zu fördern.

An der Schnittstelle zwischen Theorie und alltagsweltlichen Erfahrungen
Im Teilmodul Globalisierte Lebenswelten wurde das Lerntagebuch sowohl zur Begleitung der Leseerfahrungen als auch zur Reflexion der anschließenden theoriegeleiteten Projektarbeit eingesetzt. Theoretische Konzepte im Kontext von Globalisierung (z.b. Transnationale Räume, Glokalisierung) wurden im zweiten Teil der Veranstaltung in einer eigenständigen Projektarbeit empirisch auf Orte in Flensburg (z.b. einen Call Shop, einen tunesischen Bäcker, Kiosk etc.) bezogen. Die Lerntagebücher teilten sich – entsprechend der Gestaltung des Seminarablaufs – in einen ersten Teil der Auseinandersetzung mit theorieorientierten Texten und einen zweiten Teil zur Reflexion der anschließenden Projektarbeitsphase. Das Ziel dieser Veranstaltung war die kognitive Verbindung der theoretischen Reflektion mit dem Verständnis der sinnlich erfahrbaren globalisierten Lebenswelt. Das Lerntagebuch hatte in dieser Veranstaltung somit die Funktion, die Reflexion der Texte zunächst auf die eigenen lebensweltlichen Erfahrungen zu übertragen und in der Projektarbeitsphase um eine weitere Bezugsebene, einen zusätzlichen Reflexionshorizont zu ergänzen. Der Abgleich der Theorie erfolgte also nicht nur mit dem bereits bestehenden lebensweltlichen Erfahrungshorizont, sondern darüber hinaus mit den durch die Forschungsarbeit gelenkten Erfahrungen, die im empirischen Projekt gemacht wurden. Für ihre Lerntagebucheinträge hatten die Studierenden den Auftrag erhalten, neu erlerntes Wissen einerseits mit Vorwissen in Verbindung zu bringen und andererseits für die in den Texten theoriebezogen erläuterten Phänomene Beispiele aus ihren alltäglichen Lebenswirklichkeiten zu finden. Der explizite Aufruf zur Sichtbarmachung des eigenen Ichs im Lerntagebuch kann die theoriebezogene Auseinandersetzung mit der alltäglichen Lebenswirklichkeit anregen, wie das folgende Zitat verdeutlicht: „Des Weiteren mache ich mir nunmehr viel mehr Gedanken über Globalisierung, zum Beispiel konnte ich feststellen, aus wie vielen verschiedenen Ländern die Einrichtungen in unserem Café bestehen. Durch das Seminar konnte ich meinen Horizont erweitern und es hat mich zum Nachdenken angeregt. Ich denke nun vielmehr (sic!) darüber nach, ob ich Transnationale Räume entdecke oder beobachte, wie wir mit der Globalisierung umgehen" (Eintrag vom SoSe12).

Auf der Suche nach der eigenen BNE-Persönlichkeit
Die Zielsetzung des didaktischen Seminars zur Bildung für nachhaltige Entwicklung bestand darin, das global anerkannte und viel propagierte didaktische Konzept BNE nicht normativ und reduktionistisch als gegeben und richtungsweisend anzunehmen, sondern durch eine kritisch-reflektierende Auseinandersetzung mit unterschiedlichen

und durchaus widersprüchlichen Nachhaltigkeits- und BNE-Konzepten eine eigene, individuelle Vorstellung von BNE zu entwickeln. Im Spannungsfeld zwischen der pauschalisierenden Aussage ‚BNE ist irgendwie alles' und sehr engen analytischen Konzepten und konkreten politischen Beschlüssen sollten die teilnehmenden Studierenden nicht nur für die Vielfalt der Konzepte, Interpretationen und praktischen Zugänge sensibilisiert werden, sondern sich selbst in der Vielfalt dieser Positionen verorten.

Zum Erreichen dieses Ziels beschäftigte sich das Seminar mit einem sehr breiten Spektrum von Texten des weiteren Themenfeldes Nachhaltigkeit, die sich beispielswiese mit den UN-Milleniumszielen, der Agenda 21 und verschiedenen Weltkonferenzen beschäftigten, aber auch mit dem Spannungsfeld zwischen Handlungs- und Gestaltungskompetenz oder der Luzerner Erklärung.

Im Laufe des Semesters erfolgte – auf der Grundlage der angebotenen Texte – entlang der Lerntagebucheinträge eine persönliche Auseinandersetzung, die zu einer individuellen Verortung der einzelnen Studierenden aus der Perspektive der künftigen Lehrperson beitragen sollte. Im Suchprozess des individuellen Verhältnisses zum BNE-Konzept sollten Meinungen entwickelt, relativiert, bestätigt oder verändert werden. Somit wurden Nachhaltigkeitsfragen insbesondere mit Blick auf den späteren Lehrberuf vertieft reflektiert. Die übergeordnete Leitfrage (Wie gehe ich als Geographielehrer_in mit der Herausforderung einer geographischen Bildung für nachhaltige Entwicklung um?) wurde in den Lerntagebucheinträgen immer wieder reflektiert, wie die folgenden Beispielzitate verdeutlichen: „Den Schritt zu wagen und teilweise Einschränkungen auf sich zu nehmen signalisiert mir eine Entschlossenheit und hat mich zum Nachdenken angeregt, mein eigenes Handeln mal zu reflektieren und das ein oder andere Mal darüber nachzudenken, ob gewisse Handlungsweisen jetzt sein müssen" (Eintrag vom 13.11.12). „Dabei sehe ich BNE als einen Topf an Werten für eine nachhaltige Entwicklung und meine Aufgabe als Lehrer ist es nun, diese Werte den SuS sachlich und von verschiedenen Seiten aufzuzeigen. Dabei ist es nicht meine Aufgabe, ihnen diese Werte aufzuzwingen. Aber ich kann als gutes Beispiel voran gehen und den SuS zeigen, dass es nicht schwer ist, diese auch umzusetzen. Dabei sollen die SuS selber für sich entscheiden, ob sie diese Werte umsetzen möchten oder nicht" (Eintrag vom 28.11.12).

3 Lessons learned: Potenziale und Grenzen von Lerntagebüchern

Die metakognitive Reflexion des Lernprozesses ist der Kern der Idee der Förderung individueller Lernprozesse im Sinne der konstruktiven Didaktik. Der Prozess des Lerntagebuchschreibens an sich führt jedoch nicht automatisch zu erfolgreicher Reflexion und Selbststeuerung des Lernens. Daher sei an dieser Stelle noch auf einige Schwierigkeiten und Grenzen der Lerntagebucharbeit eingegangen, die sich in der Praxis gezeigt haben.

Ohne direkte Intervention verbleiben viele Studierende in ihrer Auseinandersetzung mit den Texten auf der kognitiven Ebene, so dass Lerntagebucheinträge eher Textzusammenfassungen gleichen, die ohne Verknüpfung mit alltagsweltlichen Vorstellungen auskommen. Metareflexionen kommen häufig zu kurz oder verlieren sich in metareflexiven Allgemeinplätzen, die den angestrebten Selbstlernprozess nicht glaubwürdig voranbringen. Hierzu ein Beispielzitat: „Mir ist besonders während der Sitzung aufgefallen, dass ich einige Textpassagen nicht richtig verstanden habe oder mir ihre Vielsichtigkeit nicht bewusst war. Besonders muss ich da den Abschnitt mit der Thematik des politischen Teiles hervorheben. Im ersten Lesen ist dieser Teil völlig untergegangen und im Seminar ist dort ein Punkt entstanden, an dem wenige weiterwussten. Im Nachhinein ist der Punkt klar und verständlich, hat mir aber gezeigt, dass ich besser und aufmerksamer lesen muss. Interessant war für mich die entstehende Diskussion über die Agenda 21 und die konkreten Maßnahmen eines Kommilitonen" ([sic!] Eintrag vom 13.11.12).

Im Gegensatz zum schriftlichen Lerntagebuch, das am Semesterende abgegeben wird, bieten in solchen Fällen online-Lerntagebücher die Möglichkeit der unmittelbaren, individuellen Rückmeldung der Lehrperson zu den Einträgen der Lernenden, was eine wertvolle Lernprozessbegleitung darstellt. Durch Nachfragen kann die Lehrperson mehr Präzision einfordern und den Lernprozess steuernd beeinflussen. Die Lehrperson agiert dann als interaktiver Lernbegleiter, das Lernmedium fungiert als dialogförderndes Instrument. Diese Vorgehensweise ermöglicht eine Binnendifferenzierung der Lernbegleitung bis auf die Individualebene.

Sofern die Lerntagebucheinträge vor der Sitzung erfolgen, hat die Lehrperson die Möglichkeit, sich gezielter auf die einzelnen Seminarsitzungen vorzubereiten. Durch Hervorhebung einzelner Beiträge zu Beginn der Sitzungen erfahren besonders gelungene und kreative Einträge der Studierenden eine Würdigung, die sonst möglicherweise nicht in den Seminarverlauf eingegangen wären. Auch für den Seminarverlauf hat sich die Sichtbarmachung und Nutzung einzelner Einträge zum jeweiligen Sitzungsbeginn bewährt, da auf diese Weise die Gruppendiskussion gezielter moderiert und konstruktiver gestaltet werden kann. Gleichzeitig können gemeinsam Stärken und Schwächen der reflektierten Einträge exemplarisch untersucht und kommuniziert werden, so dass individuelle Lernfortschritte gewissermaßen kollektiviert werden können.

Auf der anderen Seite mindert die permanente Einsichtnahme des Dozenten die Eigenverantwortlichkeit des individuellen Lernprozesses. Dies kann von Studierenden als verschult empfunden oder sogar als direkte Kontrollfunktion angesehen werden. Um das notwendige Vertrauen nicht zu gefährden, erscheint es wichtig, immer wieder zu kommunizieren, dass die Rückmeldungen nicht Bestandteil einer Leistungsmessung oder gar einer -beurteilung sind und dass diese als konstruktive sowie förderliche Lernbegleitung verstanden sein sollen.

Denn obwohl Lerntagebücher nicht benotet werden, handelt es sich dennoch um einen doppelten Dialog, den die Lernenden einerseits mit sich selbst führen, andererseits mit dem/der Dozent_in, der oder die somit im Akt des Lerntagebucheintrags (fast) immer präsent ist. Das Ich des Autors oder der Autorin tritt in einen (meist impliziten) Dialog mit der bewertenden Lehrperson, so dass neben der Reflexion auch die Präsentation unweigerlich eine Rolle spielt. Eine offene Reflexion von Verstehensprozessen braucht daher ein vertrauensvolles Verhältnis zwischen Lehrenden und Lernenden. Darüber hinaus ist eine klare Verständigung über den Zweck des Lerntagebuches nötig: Dient es der Darstellung des Leistungsniveaus oder der persönlichen Auseinandersetzung mit dem eigenen Lernprozess (vgl. in Bezug auf Portfolios: HÄCKER 2005, S. 13ff)?

Auch der Schritt von der Lernprozessreflexion hin zur aktiven Steuerung des Lernprozesses vollzieht sich grundsätzlich nicht automatisch. Hierzu drei Beobachtungen: Erstens müssen zur Lösung der Probleme Strategien aktiv angewandt werden. Viele Studierende hoffen allerdings darauf, dass sich ihre Fragen in der Seminarbesprechung klären, ohne jedoch die explizite Regulationsstrategie anzuwenden, diese im Seminar zur Diskussion zu stellen. Eine weitere Beobachtung bezieht sich auf die Art der angewandten Regulationsstrategien. Neben der Strategie der Diskussion in der Seminarsitzung wurden vor allem textimmanente Verständnisstrategien wie das mehrfache Lesen schwieriger Textstellen angewandt. Haben Studierende Strategien zur Lösung von Verständnisproblemen nicht internalisiert, können Leitfragen wie „Welche Möglichkeiten habe ich, diese offenen Fragen zu klären?" unterstützend wirken (HÜBNER et al. 2007, S. 126). Auch der Hinweis auf geeignete Nachschlagewerke, Lehrbücher oder Vertiefungsliteratur ist denkbar, um einerseits zu verdeutlichen, dass eine aktive Steuerung erwünscht ist und andererseits Anregungen zur Diversifizierung der Steuerungsstrategien zu geben. Auch hier bietet das online-Lerntagebuch deutlich mehr Interventionsstrategien.

Neben den vielen positiven Interventionsmöglichkeiten des Lerntagebuchs als interaktives Online-Medium stellt es für die betreuende Lehrperson eine große Herausforderung dar, da der Lese- und Kommentaraufwand den üblichen Betreuungsaufwand pro Studierendem bei weitem übersteint. Angesichts der Anzahl der Sitzungen sowie der üblichen Gruppengrößen ist eine wöchentliche qualitativ hochwertige Rückmeldung für eine einzelne Lehrperson kaum realisierbar. Das konstruktive Feedback reduziert sich in der Praxis auf stichprobenartige Vertiefung und positive Würdigungen, verbunden mit der Aufforderung, diese Gedankengänge in das Seminargeschehen einzubringen. Bei überwiegend reproduktiven Einträgen im Sinne der angeführten Inhaltsangaben oder Allgemeinplätze lassen sich durch gezieltes Nachfragen Impulse für eine stärker eigenständige Reflexion setzen.

Zudem hat die Erfahrung gezeigt, dass sich – trotz positiver Erfahrungen – das Medium des Lerntagebuchs kaum über ein gesamtes Semester aufrechterhalten lässt, da die Gefahr eines Ermüdungsprozesses einsetzt, sofern der wöchentliche Tagebucheintrag nicht als feste Routine etabliert wird. Auf der anderen Seite ist die Kontinuität des Prozesses ein wesentliches Element in der konstruktiven Gestaltung des Lernprozesses. Ein weiteres Steuerungselement betrifft den Umgang mit dem Tagebucheintrag. Zur Unterstützung des reflektierten Selbstlernprozesses hat es sich bewährt, wenn Studierende vor der Sitzung ihre Gedanken zum Text fixieren und diese nach der Diskussion noch einmal revidieren, überarbeiten oder mit neuen Gedanken ergänzen. Auf diese Weise erfährt der individuelle Lernfortschritt innerhalb der Seminarsitzung durch die Gruppendiskussion eine besondere Aufmerksamkeit. Das eigene Verständnis wird somit zunächst mit den individuellen Erfahrungen, Vorkenntnissen und Reflexionen verknüpft und im Anschluss an das Seminar mit anderen Sichtweisen multiperspektivisch untermauert, revidiert oder ergänzt.

In den Evaluationen der durchgeführten Lehrveranstaltungen werden die unbenoteten Lerntagebücher als Leistungsnachweis von den Studierenden rückblickend überwiegend positiv beurteilt – gerade im Vergleich zum Prüfungsmodus Hausarbeit. Der eigene Lernfortschritt durch die kontinuierliche schriftliche Auseinandersetzung mit dem Seminarthema wird positiv wahrgenommen und als nachhaltig beschrieben. Die Kritik richtet sich vor allem gegen den starken Kontrollzwang und die damit verbundene Fremdsteuerung beim regelmäßigen online-Lerntagebuch sowie die hohe individuelle Arbeitsbelastung während des laufenden Semesters, die rückblickend jedoch auch Entlastung am Semesterende bringt.

Aus Sicht der Lehrpersonen erweisen sich Lerntagebücher grundsätzlich als aufschlussreiche und differenzierte Steuerungs- und Evaluationsinstrumente der eigenen Lehraktivität. Gerade durch den Einsatz von Online-Lerntagebüchern gewinnt die Lehrperson schon vor Seminarbeginn Einblicke in die Textverständnisse und -reflexionen der Studierenden, was eine zielgerichtete Vorbereitung auf einen adressatengerechten Seminarverlauf unterstützt. Verständnisschwierigkeiten, die gerade bei theoretischen Diskussionen häufig hinter der Diskussionsaktivität Einzelner verborgen bleiben, werden auf diese Weise transparent und können gezielt angesprochen werden. Der Einblick in Lerntagebücher ermöglicht der Lehrperson selbst eine kritische Revision und Evaluation der eigenen Veranstaltungsplanung und -durchführung, die sich – im Gegensatz zu den üblichen standardisierten Evaluationsbögen – nicht auf die Perspektive der Beurteilung stützt, sondern sich vielmehr am Erreichen der selbst gesteckten Lernziele bei den Studierenden misst.

4 Ausblick

Ein Lerntagebuch kann ein gewinnbringendes Lernmedium zur Förderung der kontinuierlichen und selbstreflektierenden Lern- und Verständnisprozesse sein. Seine Chancen liegen besonders darin, dass kommunikative Bezüge und konstruktive Interventionen integrative Bestandteile des Lernprozesses werden können. Insofern kann das Lerntagebuch ein interaktiver Lernbegleiter im Sinne von Anleitung zu Eigenverantwortung durch konstruktive Rückmeldung sein. Gerade Online-

Lerntagebücher bieten große Potenziale für die Begleitung individueller Lernprozesse, gleichzeitig wecken sie bei Studierenden auch leicht den Anspruch auf regelmäßige Intervention, was angesichts bestehender Seminargrößen kaum realisierbar erscheint.

Insbesondere mit Blick auf text- und theoriebasierte Seminare, die auf die Bildung selbstreflektierender Geographielehrer_innen abzielt, erweist sich das Lerntagebuch als wertvolles Medium in einem konstruktiven und vertrauensvollen Lehr-Lern-Dialog, der sowohl für die Bildung zukünftiger Geographielehrer_innen als auch für die Weiterbildung der beteiligten Hochschullehrer_innen einen wichtigen Beitrag leisten kann. Der erhebliche regelmäßige Zeitaufwand und die Lerngruppengröße erweisen sich als größte Hürde für einen breiteren Einsatz.

Literatur

GLÄSER-ZIKUDA, M. (2007): Potenziale und Grenzen von Lerntagebuch und Portfolio im Bildungsbereich. In: Empirische Pädagogik 21, H. 2, S. 95-100.

HÄCKER, T. (2005): Mit der Portfoliomethode den Unterricht verändern. In: Pädagogik 57, H. 3, S. 13-18.

HÜBNER, S., NÜCKLES, M., RENKL, A. (2007): Lerntagebücher als Medium des selbstgesteuerten Lernens – Wie viel instruktionale Unterstützung ist sinnvoll? In: Empirische Pädagogik 21, H. 2, S. 119-137.

REICH, K. (Hrsg.) (2012): Methodenpool. http://methodenpool.uni-koeln.de (Stand: 14.01.2012) (Zugriff: 31.08.2012).

SCHREDER, G. (2007): Lerntagebuch. In: LANGE, D., REINHARDT, V. (Hrsg.): Basiswissen Politische Bildung. Handbuch für den sozialwissenschaftlichen Unterricht, Bd. 5, Planung Politischer Bildung. Baltmannsweiler, S. 54-59.

VENN, M. (2011): Lerntagebücher in der Hochschullehre. http://www.zhb.tu-dortmund.de/hd/fileadmin/Journal HD/2011_1/Journal_HD_2011_1.pdf#page=9 (Stand: 2010) (Zugriff: 2013-03-07).

Rolf Peter Tanner
Bildung für Nachhaltige Entwicklung an Universität und Lehrerinnen- und Lehrerbildung
Eine Kooperation zwischen der Pädagogischen Hochschule Bern (PH Bern) und dem Centre for Development and Environment (CDE) der Universität Bern

Im Rahmen des Themenschwerpunktes ‚Öffnung der Hochschule in der Geographiedidaktik und Kooperationen mit anderen Institutionen und Partnern' wird im Folgenden dargelegt, wie eine Lehrerbildungsinstitution, die Pädagogischen Hochschule Bern (PH Bern) und ein universitäres Zentrum, das Centre for Development and Environment (CDE) der Universität Bern, fruchtbar zusammenarbeiten und dabei neue Konzepte zur Bildung für Nachhaltige Entwicklung generieren. Da in der Schweiz die Ausbildung von Lehrkräften in hohem Maße von den Universitäten abgekoppelt verläuft und sich dieser Trend in den letzten Jahren mit der Einführung der pädagogischen Hochschulen vor allem im Bereich der Sekundarstufe I sogar noch verstärkt hat[2], ist dies nicht selbstverständlich.

Die Felder der Zusammenarbeit
Das CDE verfügt über eine grosse Menge von Daten zu verschiedensten Themen und Regionen, die es im Laufe seiner 25-jährigen Geschichte zusammengetragen hat. Diese Daten liegen sowohl in aufgearbeiteter Form wie auch als Rohdaten vor. Sehr vieles davon berührt Themen, die für den Unterricht auf der Sekundarstufe II relevant sind. Im Rahmen dieser Kooperationsinitiative soll nun geklärt werden, inwieweit diese Informationen für den Unterricht auf der gymnasialen Stufe nutzbar gemacht werden könnten. Es liegt bereits eine kleine Vorstudie vor, die ein Absolvent des Kurses für das Lehrdiplom an Maturitätsschulen verfasst hat. Die Studie beurteilt die die WebGIS-Anwendung Decide zur Volksrepublik Laos, eine von verschiedenen Web-Applikationen zu Projekten in ausgewählten Entwicklungsländern, welche aus der Kooperation des CDE mit lokalen Behörden und Ministerien der betreffenden Länder, der Schweizerischen Direktion für Entwicklung und Zusammenarbeit (DEZA), weiteren Partnern sowie aus Aufträgen von Nichtregierungsorganisationen und Privaten hervorgegangen sind (TANNER 2013). Unter der URL http://www.decide.la ist diese Anwendung greifbar, die die räumliche Verteilung von Bevölkerung, Bildungsstand, Lebensstandard und vielen weiteren Informationen auf Gemeindeebene darstellt.

---

[2] Die Lehrkräfte der Primarstufe sind in der deutschen Schweiz ohnehin nie an Universitäten ausgebildet worden.

Frage 1: Bestimmen sie mit Hilfe der Web-Applikation Laos im Map-Viewer eine Region, in welcher der grösste Teil der Bevölkerung unter der Armutsgrenze lebt.

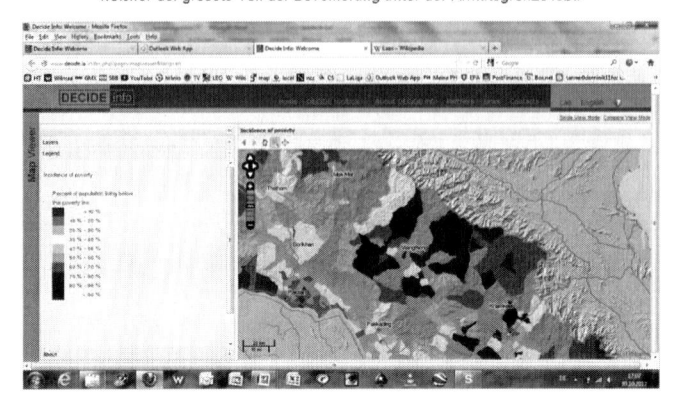

Abb. 2: Ausschnitt aus der Umsetzungsarbeit des WebGIS Decide (Tanner 2013)

Gleichzeitig entwickelt das CDE selber didaktische Ansätze für die Ausbildung von Trainern, die Kurse in komplexen Forschungssettings erstellen, planen und durchführen wollen (HERWEG, SCHÄFER, ZIMMERMANN 2012). Ziel ist ein *integrative training*, d.h. eine Ausbildung, die einerseits Studierende verschiedener Richtungen integriert, aber auch Forscher und Praktiker zusammenbringt. Diese Art von Kursen hat bereits eine lange Tradition am CDE bzw. im National Centre of Competence in Research (NCCR) North-South und in der International Graduate School (IGS) North-South, wo das CDE massgeblich beteiligt ist.

Abb. 3: Stimmungsbilder aus der IGS North-South (Bilder: Karl Herweg, CDE)

Ausgehend von einem konstruktivistischen Lehr-Lern-Verständnis und den Konzepten *Inquiry Based Learning* (IBL) und *Problem Based Learning* (PBL), wurde der Ansatz des *Case Study Based Learning* (CSBL) entwickelt, der sich für die spezifischen Bedürfnisse des IGS North-South am besten anwendbar erwies.

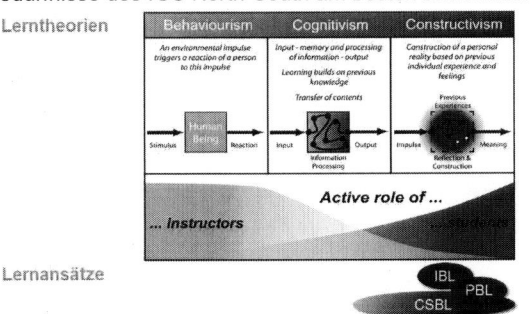

Abb. 4: Positionierung der Lernansätze am CDE (HERWEG, SCHÄFER, ZIMMERMANN 2012)

Ein vorläufiges Ergebnis: das Konzept der Nachhaltigen Kulturlandschaft
Im Rahmen dieser Zusammenarbeit hat sich die PHBern am Forum Entwicklung und Umwelt mit zwei Dozenten beteiligt, einem Kolloquium, das vom CDE im Herbstsemester 2012 durchgeführt wurde. Frucht dieser Kooperation war ein vorläufiges Konzept zur Nachhaltigen Kulturlandschaft, das nun in der Folge verfeinert werden muss. *Sustainable Landscape* ist im angelsächsischen Raum bereits länger ein stehender Begriff (s. z.B. BUTTIMER 2001), während im deutschsprachigen Diskurs zu den drei klassischen Aspekten (Ökologie, Ökonomie und Gesellschaft) neu auch der Bereich Kultur (z.B. REUSCHENBACH, SCHOCKEMÖHLE 2011) oder Politik hinzukommt (HAVERSATH 2012). Verschiedene Autoren weisen schon seit einiger Zeit auf den Akzeptanzverlust des Schutzes unserer Umwelt bei der breiten Bevölkerung durch die Ausblendung der kulturellen Dimension hin (BÄTZING 2003; KÜSTER 2005 oder PIECHOCKI 2010). Selbst der Begründer des Nachhaltigkeitsbegriffs verwendet ihn eindeutig immer in Bezug auf den Nutzen des Waldes für den Menschen (CARLOWITZ 1713). Ohne auf den zuweilen gehässigen Diskurs in diesem Kontext einzugehen, bleibt als Essenz, dass es gerade die kulturellen Aspekte einer Gesellschaft sind, die sich eben in der Kulturlandschaft niederschlagen. Nachhaltigkeit bedeutet Stabilität dieser Landschaft, was der natürlichen, ökologischen Dynamik zuwiderläuft. Somit ist das Streben nach Nachhaltigkeit in der Tat ein kulturelles Ziel (KÜSTER 2005). Diese Stabilität wird erreicht durch Reproduktionsarbeit, die in diese Landschaft eingebracht werden muss (BÄTZING 2003), da sie ansonsten durch die natürliche Dynamik zerfällt und destabilisiert wird.
Für den Landschaftsbegriff, der im deutschsprachigen Gebiet seit dem 37. Deutschen Geographentag in Kiel lange Zeit verpönt war, sind im europäischen Rahmen Kategorisierungen entstanden, wie diejenige der European Landscape Convention (ELC) des Europarates, wo zwischen „*Landscape as a Morphology*", „*Landscape as a Scenery*" und „*Landscape as a Polity*" unterschieden wird (JONES, STENSEKE 2011).

Ganz ähnlich spricht JACOBS von „*Matterscape*", „*Powerscape*" und „*Mindscape*" (JACOBS 2006). Endgültig zum kulturellen Phänomen wird die Landschaft, also eben zur Kulturlandschaft, wenn diese Klassifikationen auf die Theorie von Julian HUXLEY zurückgeführt wird, der die Gesamtheit von Kultur in drei Komponenten aufteilt: entweder in Mentifacts (Religion, Sprache, Traditionen), Artefacts (Werkzeuge, Geräte, aber auch Landnutzungsformen) oder Sociofacts (Familienstrukturen, politische Systeme) (HAGGETT 2001)[3].

Die genannten Kategorien können nun dazu dienen, den Zusammenhang zwischen den raumgestaltenden Akteuren und der (Kultur-)Landschaft zu erhellen:
- Kulturlandschaft ist eine Manifestation der Nachhaltigkeitskonzepte (*Mindscape*, Landschaft als Mentifact) einer Gesellschaft bzw. seiner Akteure.
- Diese Konzepte werden in der Landschaft von den Akteuren zu deren Produktion und Reproduktion umgesetzt (*Matterscape*, Landschaft als Artefact).
- Diese Akteure haben mehr oder weniger Handlungsfreiheit und damit auch mehr oder weniger Macht (*Powerscape*, Landschaft als Sociofact).

Beim letzten Punkt setzt die Problematik der Nachhaltigkeit in der modernen Industriegesellschaft bzw. Dienstleistungsgesellschaft ein, die ihren Anfang in den Umbrüchen während der Epoche der Aufklärung nahm. In der Zeit der Auflösung der ständischen Bindungen nahm die Handlungsfreiheit vieler Bevölkerungsgruppen stark zu – man denke nur an die Einführung der Handels- und Gewerbefreiheit oder die so genannte Bauernbefreiung.

Konsequenzen für die Bildung zur Nachhaltigkeit

Seit den Freisetzungen der Aufklärung (Handlungsfreiheit) herrscht ein Zwang zur Verantwortung, Kants Kategorischen Imperativ vorausgesetzt. Dazu braucht es eine Verantwortungsethik (der Blick auf das Ergebnis und auf die Kollateralfolgen der Handlung). Verantwortliches Handeln setzt voraus:
1. Wissen (kognitive Komponente),
2. eine evaluative Kompetenz (normative Komponente): Jeder überlegten Entscheidung geht das Abwägen einer Alternative voraus.

Dies setzt wiederum Wertungen voraus. Zu diesen Wertdimensionen gehören ökonomische Werte, ästhetische Werte, ethische Werte. Werte hängen von subjektiven Wertsetzungen ab, es gibt aber auch intersubjektiv geteilte Werte (KESSELRING 2012). Dies ist ein aktuelles Thema auch und gerade in der Geographiedidaktik (APPLIS 2012).

Allen Anstrengungen im Bildungsbereich, diese Wertsetzung zu erreichen, ist jedoch bislang wenig Erfolg beschieden gewesen. Das Dilemma umschreibt treffend das folgende Zitat: „Ein linear-kausaler Zusammenhang zwischen den Konstrukten Umweltwissen, Umwelteinstellungen und Umwelthandeln ist nur relativ schwach ausge-

---

[3] Julian Huxley war der Bruder des bekannteren Aldous Huxley und der Enkel von Thomas Huxley, ‚Darwin's Bulldog'.

prägt. Das bedeutet, dass Kenntnisse über ökologische Probleme nicht ohne Weiteres Betroffenheit oder Verantwortungsbewusstsein hervorrufen und diese Einstellungen nicht zwangsläufig ein gewünschtes, umweltgerechtes Handeln auslösen. Auch ein direkter Zusammenhang zwischen Umweltwissen und Umwelthandeln – ohne Umweg über die Einstellungsebene – kann nicht belegt werden. Vielmehr herrscht eine Kluft zwischen Umweltbewusstsein und Umweltverhalten" (HAVERSATH 2012).

Abbildung 5: Das Dilemma von Wissen und Handeln in der treffenden Bildsprache des Kooperationspartners vom CDE

Was ist zu tun? Hier nun könnte das Konzept der Dezentrierung einen Ausweg aufzeigen. Dezentrierung ist ein von Jean PIAGET geprägter Begriff aus der Entwicklungspsychologie. Er bezeichnet einen wesentlichen Schritt in der Überwindung des kindlichen Egozentrismus. Dezentrierung meint Überwindung von Zentrierung(en), d.h.

- Befangenheit in der eigenen räumlichen Perspektive,
- Befangenheit auf eigenem Standpunkt (in eigener Meinung),
- Befangenheit im eigenen Wertesystem (eigenen Prioritäten),
- Befangenheit im eigenen (kulturellen) Weltbild (KESSELRING 2012).

Ein Kind, das dezentriert, ist in der Lage, zwei und mehr Dimensionen eines Objektes oder Ereignisses wahrzunehmen und in Beziehung zueinander zu setzen. Nach dem Modell Piagets ist Dezentrierung erst ab dem konkret-operationalen Stadium (7.-12. Lebensjahr) möglich, denn PIAGET hat das Modell auch auf die kindliche Entwicklung angewandt, zum Beispiel bei der Entwicklung kindlicher Kartenbilder (PIAGET, INHELDER 1971 in HAUBRICH 2006).

Konkret würde dies bedeuten, dass die „wachsenden Verantwortungsspielräume" (KESSELRING 2012) auch wirklich räumlich als Dezentrierungsstufen aufgenommen werden:
1. Dezentrierung im Nahbereich/Region,
2. Dezentrierung im nationalen Umfeld,
3. Dezentrierung global.

Wir sind der Überzeugung, dass das Dilemma, das HAVERSATH anspricht, nur über Dezentrierung aufzulösen ist. Die Schülerinnen und Schüler sollen z.B. das Landschaftswissen, das sie zur raumbezogenen Handlungskompetenz (normative Komponente) führen kann, zunächst im Nahraum erwerben, auf tiefer Massstabsebene.

Ein Beispiel soll dies illustrieren, diesmal fokussiert auf die Volksschule (Primarstufe und Sekundarstufe I): Der Verwaltungskreis Oberaargau im schweizerischen Kanton Bern wurde am 1. Januar 2010 neu gegründet. Mit der Initiative ‚Identität Oberaargau' sollen die Bewohnerinnen und Bewohner des neuen Verwaltungskreises mit Geschichte, Geographie, Kultur und wirtschaftlicher Bedeutung dieser facettenreichen Region vertraut gemacht werden. Die gesamte Massnahme umfasst mehrere Teilprojekte, darunter auch eine Webseite mit Lehrinhalten und Unterrichtsideen zum Oberaargau (Schulplattform Region Oberaargau). Das Ziel der Schulplattform ist es, dass Schülerinnen und Schüler im Unterricht den Oberaargau kennenlernen und ihrer Heimatregion auf eine lebendige und vielfältige Art und Weise begegnen können. Deshalb soll den Lehrkräften der Volksschule ein webbasiertes Angebot zum Oberaargau zur Verfügung gestellt werden, welches verschiedene Lehrplaninhalte des Faches Natur-Mensch-Gesellschaft (NMG) abdeckt. Neben traditionellen Unterrichtsmitteln kommen auch neue Medien (interaktive Karten, Video, Ton etc.) zum Zug. Die Erstellung dieser Plattform erfolgt durch eine Firma für interaktive Lernmedien in Zusammenarbeit mit der PH Bern.

Ein wichtiger inhaltlicher Aspekt liegt unter anderem in der Sensibilisierung der Schülerinnen und Schüler für die Elemente unserer Kulturlandschaft, die gleichsam Archivalien der Landnutzung vergangener Zeiten darstellen, genauso wie ein mittelalterliches Pergament, das in einem gebauten Archiv liegt. Dass der Einsturz des Kölner Stadtarchivs neben der menschlichen Tragödie wegen der Zerstörung oder Schädigung von Dokumenten eine Katastrophe ist, dürfte dem Grossteil der Bevölkerung einleuchten. Tagtäglich verschwinden jedoch Archivalien, die genauso alt und ebenso bedeutsam sein können wie die Schriften im Kölner Archiv, ohne dass dies einer Erwähnung in der Presse wert wäre, wie Abb. 5 dokumentiert. Sie zeigt, wie die Spuren der historischen Hauptstrasse von Bern nach Luzern, die damals durch die Region Oberaargau verlief, beim Dorf Dürrenroth im Rahmen einer Meliorationsmassnahme vernichtet wurden. Solches geschieht in den seltensten Fällen bewusst, sondern ist meist auf die Unkenntnis der Bedeutung solcher Zeugen zurückzuführen, da viele solcher Landschaftsform heute keine Funktion mehr haben.

Abb. 6: Das Verschwinden der Überreste der alten Strasse von Bern nach Luzern, die gleichzeitig eine wichtige Route der Jakobspilgerei darstellte (DOKUMENTATION IVS KANTON BERN 2006)

Die Gegenwartsbedeutung für Schülerinnen und Schüler ist bei der Thematik Landnutzungswandel zugegebenermaßen nicht einfach aufzuzeigen, insbesondere bei Jugendlichen aus dem städtischen Umfeld. Am ehesten können sie über die Anknüpfung an den Geschichtsunterricht der Primarstufe abgeholt werden; leichter wird dies möglich sein im ländlichen Umfeld, wo die meisten Kinder und Jugendlichen noch in irgendeiner Form Zugang zur landwirtschaftlichen Produktion haben. Die Zukunftsbedeutung hingegen liegt in der Sensibilisierung der Schülerinnen und Schüler für Fragen des Schutzes von Landschaften und der damit verbundenen Raumplanung. Als mündige Bürgerinnen und Bürger werden sie in diese Prozesse einbezogen – sei es als Behördenmitglieder oder im Rahmen von Mitwirkungsverfahren.

Ziele des entsprechenden Moduls zur Landschafts- und Siedlungsentwicklung auf der Lernplattform (TANNER 2013) sind die folgenden:

- Durch die Landschaftsarchivalien sollen Schülerinnen und Schüler die Landnutzung früherer Zeiten erschlossen werden.
- Sie erkennen, wie frühere Nutzungsformen die Nachhaltigkeitskonzepte im damaligen Kontext widerspiegeln.
- Der Zusammenhang zwischen Nachhaltigkeit und Landnutzung wird für sie dadurch erkennbar.
- Durch diesen geschärften Blick sollen sie in die Lage versetzt werden, heutige Landnutzungsformen auf ihre Nachhaltigkeit hin zu beurteilen.
- Ebenso sollen Sie auf ihre zukünftige Rolle als Akteure vorbereitet werden.
- Sie werden zur Reflexion von Raumwahrnehmung und Raumkonstruktion hingeführt.

Im Zentrum sollte die Erkenntnis stehen, dass Nachhaltigkeit nicht rein ökologisch, sondern im Streben der Menschen nach Stabilität begründbar ist. Das heisst konkret, dass Nachhaltigkeit der Dynamik der Natur entgegen läuft und somit ein kulturelles Ziel ist. Daher ist es die Kulturlandschaft, die im Zentrum stehen sollte. In der Reproduktion der Kulturlandschaft zeigen sich die Nachhaltigkeitskonzepte, die Images der Bewohnerinnen und Bewohner eines Raumes und die Handlungen der Akteure. Die Kulturlandschaft und insbesondere ihr Wandel legen aber auch die Veränderungen in den Rahmenbedingungen, in den Images und im Eingebundensein den Kontext von *Space* und *Scale* offen. In diesem Sinne ist es richtig und wichtig, dass in den Nachhaltigkeitsmodellen auch die kulturelle Dimension einbezogen wird.

Literaturverzeichnis
APPLIS, S. (2012): Wertorientierter Geographieunterricht im Kontext Globales Lernen. Theoretische Fundierung und empirische Untersuchung mit Hilfe der dokumentarischen Methode. Geographiedidaktische Forschungen, Band 51. Weingarten.
BÄTZING, W. (2003): Die Alpen: Geschichte und Zukunft einer europäischen Kulturlandschaft. München.

BUTTIMER, A. (Ed.) (2001): Sustainable landscapes and lifeways. Scale and appropriateness. Dublin.

CARLOWITZ H.C. VON (1713): Sylvicultura oeconomica oder Hausswirtschaftliche Nachricht und Naturmässige Anweisung zur Wilden Baum-Zucht. Leipzig.

DOKUMENTATION IVS KANTON BERN. Bern 2006.

HAGGETT, P. (2001): Geography. A Global Synthesis. Harlow.

HAUBRICH, H. (Hrsg.) (2006): Geographie unterrichten lernen. Die neue Didaktik der Geographie konkret. München.

HAVERSATH, J.-B. (Mod.) (2012): Geographiedidaktik. Theorie-Themen-Forschung. Braunschweig.

HERWEG, K., SCHÄFER, N., ZIMMERMANN, A. (2012): Guidelines for intergative training in inter- and transdisciplinary research settings. Hints and tools for trainers of trainers. Berne.

JACOBS, M. (2006): The production of mindscapes. A comprehensive theory of landscape experience. Wageningen.

JONES M., STENSEKE, M. (Ed.) (2011): The European landscape convention. Challenges of participation. Dordrecht.

KESSELRING, T. (2012): Selbstverantwortung - was ist das? Wie weit trägt sie? Überlegungen aus philosophischer Perspektive. Referat im Rahmen des Forums Entwicklung und Umwelt am Center for Development and Sustainability (CDE) der Universität Bern vom 17.10.2012.

KÜSTER, H. (2005): Das ist Ökologie. Die biologischen Grundlagen unserer Existenz. München.

TANNER, D. (2012): Bildung für Nachhaltige Entwicklung mit GIS auf der Sekundarstufe. Eine Kooperation zwischen der Pädagogischen Hochschule Bern und dem Centre for Development and Environment an der Universität Bern. Vertiefungsarbeit. (unpubl.) Bern.

TANNER, R.P. (2013): Landschafts- und Siedlungsentwicklung. Schulplattform Oberaargau. Bern.

Yvonne Heinrich Schoch, Michael Hürlimann, Monika Reuschenbach
Didaktische Rekonstruktion hautnah
Theorie und Praxis in der Ausbildung von Sekundarlehrerinnen und Sekundarlehrern

Nicht selten fällt es Studierenden schwer, die in der fachdidaktischen Ausbildung gelernten Grundsätze im Unterricht umzusetzen. Dies führt dazu, dass dieser losgelöst von Schülervorstellungen entwickelt und ohne didaktisches Fundament geplant wird. Hauptsache ist, dass alles gut läuft und der Unterrichtsplan funktioniert. Dass dabei oft an den Schülerinnen und Schülern vorbei gelehrt wird, fällt den jungen Lehrpersonen kaum auf.

In einem Kurs der Geographieausbildung auf der Sekundarstufe I an der PH Zürich wurde deshalb ein Modell entwickelt, wie didaktische – theoretische – Inhalte mit einer konkreten Praxisarbeit verbunden werden können. Entlang der didaktischen Rekonstruktion wurden die Schritte der didaktischen Rekonstruktion zunächst mit den Studierenden konkret durchgeführt, anschließend reflektiert und schließlich setzten die Studierenden diese selbst an eigenen Themen um.

Das entwickelte Konzept wurde mittlerweile mehrfach erfolgreich durchgeführt und umgesetzt. Nicht nur die Verbindung von theoretischen Grundlagen mit exemplarischen Praxisbeispielen, sondern auch die durchdachte und sich stark an den Präkonzepten der Lernenden orientierte Konzeption überzeugen nachhaltig. Auch verblüffen die Ergebnisse und Erkenntnisse der Studierenden hinsichtlich ihrer professionellen Entwicklung.

1 Einführung

Die Bedeutung der Modelle der didaktischen Rekonstruktion und der Raumkonzepte haben in der Geographieausbildung der Sekundarlehrpersonen der PH Zürich einen hohen Stellenwert. Die Studierenden nehmen diese theoretischen Grundlagen zwar zur Kenntnis, Erfahrungen haben jedoch gezeigt, dass sie sie ungenügend oder gar nicht in den Prozess ihrer Unterrichtsplanung einbeziehen. Aus diesem Grund stellte sich die Frage, wie die Ausbildung diesbezüglich optimiert, die unterrichtspraktische Relevanz der Modelle geklärt und die Studierenden besser dazu befähigt werden können, die Modelle in der Praxis umzusetzen.

Die oben erwähnten Aufzählungen führten zur Idee, die theoretischen Konstrukte möglichst praxisnah zu vermitteln. Die Studierenden sollten den erwünschten Prozess der Unterrichtsplanung selbst durchlaufen, damit sie sich dessen Wichtigkeit bewusst werden und die Vorgehensweise verinnerlichen können.

Zu einem konkreten Thema werden im Kurs – analog zur didaktischen Rekonstruktion – deshalb eine Sachanalyse erstellt, die Präkonzepte der Studierenden erhoben und daraus eine Unterrichtsplanung gestaltet, die mit den Studierenden durchgeführt und anschließend reflektiert wird.

Thematisch fiel die Wahl auf die Region Arktis, da dazu aufgrund der eher geringen Präsenz des Themas im Unterricht und in den Lehrbüchern sowie der Resultate bereits bestehender Studien zu den Polargebieten (vgl. ADAMINA 2008; CONRAD 2012) vor allem zu den Präkonzepten der Studierenden interessante Erkenntnisse erwartet werden dürfen.

2 Die Präkonzepte der Studierenden zur Region Arktis

Bereits Marco ADAMINA (2008) konnte in seiner Studie zu den Vorstellungen von Schülerinnen und Schülern über fremde Räume aufzeigen, dass die Präkonzepte der Lernenden zum Lebensraum und zu den Lebensweisen der Eisgebiete traditionell sind und größtenteils keine Differenzierung zwischen der Antarktis und Arktis gemacht wurde. Rund 120 Schülerinnen und Schüler der dritten, fünften und siebten Klasse mussten Stichworte, die am ehesten ihren Bildern und Vorstellungen zur Antarktis entsprachen, aufschreiben. Die am häufigsten genannten Stichworte zur Antarktis waren Kälte, Eis und Eisberge sowie Schnee, Eisbären, Pinguine, Robben/Seehunde und Wale sowie Eskimo/Inuits und Iglus (ADAMINA 2008).

Tab. 4: Antarktis - Die zehn meistgenannten Stichworte. (Quelle: ADAMINA (2008): Vorstellungen von Schülerinnen und Schülern zu raum-, zeit- und geschichtsbezogenen Themen, S.179.)

Insgesamt N=124		3. Klassen N=27		5. Klassen N=41		7. Klassen N=56	
Kalt, Kälte	87	Kalt, Kälte	13	Kalt, Kälte	28	Kalt, Kälte	46
Eis, Eisberge	82	Schnee	12	Eis, Eisberge	33	Eis, Eisberge	38
Schnee	55	Eis, Eisberge	11	Eskimo, Inuit	19	Schnee	30
Eisbären	51	Eisbären	6	Eisbären	16	Eisbären	29
Eskimo, Inuit	51	Eskimo, Inuit	6	Iglu	14	Pinguine	27
Pinguine	43	Pinguine	5	Schnee	13	Eskimo, Inuit	26
Iglu	37	Iglu	5	Pinguine	11	Iglu	18
Robben, Seehunde	22			Robben, Seehunde	7	Robben, Seehunde	14
Wale	11			Wale	5	Wale	11
Viele Tiere	19					Eisscholle	7
						Essen: Fische, Fleisch	7

Entsprechend dieser Grundlage bestand der Auftrag der Studierenden der PH Zürich darin, zehn Stichworte und einen Fließtext zur Arktis zu schreiben. Zudem mussten sie als Ergänzung zu den Stichworten und dem Fließtext eine Zeichnung zur Region anfertigen. Die Stichworte und Inhalte des Fließtextes wurden anschließend thematisch gruppiert, die Zeichnungen nach Informationsdichte und Aktualität in vier Typen eingeteilt (vgl. REINFRIED 2010).

Abb. 7: Typen 1-4 der Präkonzepte zur Arktis (Quelle: Studierende der PHZH 2011/12)

Von insgesamt 84 Studierenden zeichneten etwas weniger als die Hälfte (n = 34) Bilder im Stil von Typ 1, 23 Studierende erstellten Zeichnungen mit leicht detaillierterem Inhalt entsprechend Typ 2. Etwas weniger als ein Viertel der Zeichnungen (n = 15) hielten in ihren Zeichnungen auch moderne Aspekte von Siedlungen, Ölbohrinseln oder Wirtschaftstätigkeiten fest (Typ 4). Nur wenig erwähnt wurden astronomische Grundlagen wie bei Typ 3 (n = 7). Die Auswertungen der Zeichnungen ergab, dass die Stichworte und der Fließtext der Studierenden (n = 84) ähnliche Ergebnisse lieferten wie die Studie von ADAMINA bereits 2008 zeigte.

Die Auswertung ergab, dass die Studierenden die Arktis mit einem traditionellen Bild von Jägern im Iglu verbinden und keinen Zugang zu modernen Lebensformen haben. Auch fehlt ihnen ein Sommerbild der Arktis. Weiter fehlen sowohl die räumliche Abgrenzung als auch wirtschaftliche Tätigkeiten in den Präkonzepten. In Bezug auf die Fauna entsprachen viele Studierende dem von Adamina erhobenen Wissensstand der Schülerinnen und Schüler aus Primar- und Oberstufe; überdurchschnittlich häufig wurden Eskimos/Inuits, Eisbären, Pinguine, Walross und Robben genannt. Gut dokumentiert, wissenschaftlich fundiert und präzise wurden Aspekte aus der Kryosphäre aufgeführt, was sich vermutlich dadurch erklären lässt, dass diese explizit Unterrichtsstoff der universitären Ausbildung ist.

3 Kurskonzept und Kursdurchführung
Folgende Fragestellungen dienten als Ausgangspunkt für die Kurskonzeption:

- Wie erhalten Studierende ein aktuelles, modernes Bild von Regionen, insbesondere der Arktis?
- Wie kann ein Konzeptwechsel bezüglich geographischer Regionen erzielt werden?
- Wie kann das eigene praktische Lernen mit den theoretischen didaktischen Grundsätzen hinsichtlich einer zukünftigen Lehrerinnen- und Lehrertätigkeit verknüpft werden?
- Wie erkennen Studierende den Sinn der Berücksichtigung unterschiedlicher Raumkonzepte bei der regional-thematischen Geographie?

Die aus den Fragestellungen resultierenden Zielsetzungen wie ‚das Prinzip der didaktischen Rekonstruktion verdeutlichen' und ‚Sinn der vier Raumkonzepte klären' dienten als Leitlinien für die inhaltliche Erarbeitung der einzelnen Kurssequenzen. Daneben wurde auf die fachliche und didaktische Vertiefung in eine Region sowie die Berücksichtigung von objektiven und subjektiven Zugängen zu einem Raum Wert gelegt.

Bevor die inhaltliche Vorgehensweise des Kurses vorgestellt wird, muss ein Aspekt der Situation der Lehrerinnen- und Lehrerbildung im Raum Zürich erwähnt werden. Die Fachausbildung findet zusammen mit Regelstudierenden an der Universität Zürich, die didaktisch-methodische Ausbildung aber an der Pädagogischen Hochschule Zürich statt. Diese Zweiteilung der Ausbildung ist auf der einen Seite sinnvoll, da die Studierenden nach den neuesten geographischen Erkenntnissen ausgebildet werden. Andererseits ist die Ausbildung aber auch höchst marginalisiert (nur 15 CP Fachausbildung) und beinhaltet nicht alle Themen für die spätere Unterrichtstätigkeit. Dies bedeutet, dass der beschriebene Kurs neben didaktischen Themen auch fachliche Aspekte vermitteln muss, die für den Unterricht der Sekundarstufe I relevant sind.

Die Konzeption des Kursaufbaus erforderte nach der Erhebung der Präkonzepte der Studierenden zur Arktis eine Sachanalyse entsprechend der Erkenntnisleitenden Ansätze von KÖCK, REMPFLER (2004). Dann wurden die Resultate der Präkonzepterhebung und die Sachanalyse einander gegenübergestellt und verglichen. Die daraus resultierende Synthese ermöglichte anschließend eine Unterrichtsplanung für Musterstunden mit den Studierenden. Die ‚Folie Klapp' verdeutlicht die drei Schritte im Detail (s. Tab. 2).

Als thematische Schwerpunkte für die Unterrichtsgestaltung ergaben sich aufgrund der inhaltlichen Verknüpfung von Sachanalyse und Präkonzepten folgende drei Themengruppen: a) Naturraum, Kryosphäre, Sonneneinstrahlung, b) Menschen, Lebensweisen, Siedlungen und c) Räumliche Orientierung, Rohstoffe. Je ein Schwerpunkt war Thema einer Doppelstunde. Als zweites didaktisches Prinzip wurden den Doppelstunden jeweils die verschiedenen Raumkonzepte zugewiesen, um dazu passende Themenzugänge entwickeln zu können. Die erste Doppelstunde (naturräumliche Grundlagen der Arktis) folgte dem Konzept des Raumes als Container. Die zweite Unterrichtseinheit (unterschiedliche Lebensweisen) zielte auf die Auslösung eines kognitiven Konflikts ab und entsprach somit dem Konzept des Raumes als Konstruktion. Die Konzepte Raum als System von Lagebeziehungen und Raum als Kategorie der Sinneswahrnehmung wurden vor allem in der dritten Doppelstunde (wirtschaftliche Aktivitäten im arktischen Raum) thematisiert. Eine Reflexion schloss jede Doppelstunde ab. Zielsetzung dieser Reflexion war, dass sie zur Setzung und zur Bewusstmachung des Gelernten führen sollte, sodass dies eine Erweiterung und teilweisen Korrektur der Präkonzepte der Studierenden bewirken konnte.

Tab. 2: Gegenüberstellung von Sachanalyse und Präkonzepten zur Herleitung der Unterrichtsplanung: ‚Folie Klapp' (Quelle: HEINRICH SCHOCH, HÜRLIMANN, REUSCHENBACH 2011)

Fachliche Klärung (1)	Präkonzept-Auswertung (2)	Unterrichtsentwicklung (3)
Themengruppe 1: **Naturraum, Kryosphäre, Sonneneinstrahlung** - Polartag-/nacht, Jahreszeiten - Formen von Eis und Schnee - Gletscher, Blockgletscher, Permafrost - Arktis im Sommer - Temperaturen - Geomorphologie: arktischer Formenschatz - Begriffsbildung - Klimawandel/Ozonloch - Golfstrom, Klimasystem Raum als Container	- Relativ homogenes Wissen (Eis, Schnee, Kälte) - Im Detail aber heterogen; jeder weiss etwas, aber zu anderen Themen Basics vorhanden - wenig differenziert (Eis) und wenig vertieft - z. T. geprägt durch Fachwissenschaft Uni (Permafrost, Thermohaline Zirkulation) - kaum Vorstellungen vom Sommer, Beleuchtungsverhältnissen - kaum Bewusstsein zu Vernetzungen, aktuellen Problemen …	**Input und Differenzierung** **Inhalte** Beleuchtungsverhältnisse, Sommeransichten fördern Begriffsklärung Differenzierung/Erweiterung zum Themenfeld Eis und Schnee sich ein Bild machen Region definieren **Methoden** Beleuchtungsverhältnisse klären mittels Filmanimationen, die zudem das räumliche Denken anregen Gemeinsamer Input zu Begriffen und Bildern (Einprägung) Intensive Phase der Differenzierung; jede(r) vertieft sich dort, wo er/sie selbst Wissenslücken ausmacht (Bezug zum Input) Vernetzung anstreben: Merkmale zu Ländern und zueinander in Beziehung setzen
Themengruppe 2: Menschen, Lebensweisen und Siedlungen - Siedlungsformen - Ortschaften (Link zur Topographie) - Traditionen - Tag und Nacht; Sommer und Winter - Tourismus - Forschung Raum als Konstruktion	- Grundsätzliche Wahrnehmung als kaum besiedeltes Gebiet (keine Hinweise auf Menschen) - äusserst rudimentäres Bild der Lebensweise und Siedlungsweise (Inuit) - nur vereinzelt Hinweise auf Forschung - kein Problembewusstsein - Stereotypen und Cliché (Eingeborene, Alkohol, Drogen, Depression) - Tiere nicht selten auf Stand Kindergarten (Pinguin, Eisbär)	**Starke Führung mit hoher Eigenaktivität; andere zu Wort kommen lassen** **Inhalte** Siedlungen in der Arktis -> Grunddaseinsfunktionen ableiten -> kategoriales, systematisches Denken **Methoden** Arbeit mit Bildern Arbeit mit Filmen, Eindrücke vermitteln Austausch in Gruppen -> Setzung Zusammenfassung und Klärung der Postkonzepte an WT

Themengruppe 3: Räumliche Orientierung und Rohstoffe		Starke Führung mit hoher Eigenaktivität mittels Themenauswahl
- Räumliche Orientierung: Merkmale und Abgrenzungen - Klima, Regionen - Polartag/Polarnacht - Erdöl, Erdgas, Rohstoffe, Holz, Fischerei - Technik, Ressourcen, Schifffahrtsrouten - Risiko, Technik Raum als System von Lagebeziehungen (Klima, Zuordnung) Raum als Kategorie der Sinneswahrnehmung (Rohstoffe, Machtansprüche)	- kaum räumliche Kenntnisse vorhanden (Abgrenzungen zu anderen Kontinenten, Insel ohne Siedlungen) - kaum Bewusstsein für Ortschaften, Zivilisation, Forschung ... - sehr wenig Hinweise zu Rohstoffnutzung (ausser Fischfang) - weitgehend traditionelles Bild der Wirtschaftsweise (Eislochfischen) - Phänomene erwähnt, zum Teil konzeptlos (z.B. ein Tag hell, ein Tag dunkel) und dadurch wenig wissenschaftlich unterlegt	**Inhalte** Arktiszentriertes Kartenbild zur räumlichen Orientierung und Abgrenzung Thema Wirtschaft, Umwelt mit Unterkapiteln, Aktualitätsbezug **Methoden** Sachklärung, Wissensvermittlung mit Texten, Verarbeitung und Vertiefung in Plakaten Diskussion und Meinungsbildungsprozess in kleinen Gruppen -> gemeinsames Lernen, Meinungen austauschen, sich positionieren, Meinung vertreten

Im Kursverlauf wurde die Vermittlungssequenz durch die Dozierenden mit einer Doppelstunde zur Metareflexion abgeschlossen. Diese vertiefte das Prinzip der didaktischen Rekonstruktion mittels der ‚Folie Klapp', sodass die Studierenden Einblick in die Vorgehensweise der Dozierenden bezüglich der Unterrichtsgestaltung nehmen konnten. Dabei wurde der Zusammenhang zwischen fachlicher Klärung und Analyse der Präkonzepte nochmals aufgezeigt und die daraus resultierenden thematischen Unterrichtseinheiten sowie deren Methoden erläutert.

Anschließend an die Vermittlungsphase erfolgte eine Phase der selbstlernenden Umsetzung. In Dreiergruppen erarbeiteten die Studierenden analog der erworbenen Grundprinzipien eine eigene Unterrichtseinheit (4-6 Stunden) zu den Themen Afrika, Australien, China, Lateinamerika, Gezeiten, Fair Trade, Planet Erde und Naturgefahren. Darin enthalten war auch eine Präkonzepterhebung zum Thema in einer Schulklasse der Sekundarstufe I. Die Präsentation der selbständigen Arbeitsphase umfasste die Präkonzepterhebung der Schülerinnen und Schüler, die fachliche Analyse des Themas und die aus der Synthese resultierende Unterrichtsplanung. In einem Dossier erfolgte die Auseinandersetzung mit den Kurszielen auch schriftlich; es enthielt folgende Bestandteile: a) systematische Analyse der Präkonzepte der Schülerinnen und Schüler, b) didaktische Rekonstruktion analog der ‚Folie Klapp', c) Bezüge zu Raumkonzepten, d) detaillierte Unterrichtsplanung zu 4-6 Stunden, e) Reflexion und Fazit sowie f) Literaturliste.

4 Ergebnisse und Reflexion

Die schriftlichen und mündlichen Präsentationen der Studierenden zeigten unabhängig von regionalen oder thematischen Schwerpunkten, dass die Unterrichtsreihen in der Regel mit der Interpretation des Raumes als Container starteten, die weiteren Raumkonzepte aber in den nachfolgenden Stunden berücksichtigt wurden. Alle Planungen setzten das Prinzip des regional-thematischen Ansatzes um. Das Instrument

‚Folie Klapp' verdeutlichte die Herleitung der Unterrichtsgestaltung aus Präkonzepterhebung und Sachanalyse deutlich, der rote Faden innerhalb der Unterrichtsreihe war dadurch immer ersichtlich. Als Arbeits- und Planungsinstrument hat sich die ‚Folie Klapp' somit sehr bewährt, weil sie die Grundlagen einer theoretisch fundierten Unterrichtsplanung entlang der didaktischen Rekonstruktion übersichtlich und einfach zusammenfasst.

Rückmeldungen der Studierenden bestätigten einen differenzierteren Umgang mit Raumkonzepten und Raumvorstellungen. Auch gaben sie an, dass sie die Aspekte des konstruktivistischen Lernens deutlicher verstanden hatten und besser umsetzen konnten. Die Studierenden zeigten sowohl in der konkreten Umsetzung als auch in der Reflexionsphase, dass sie das Prinzip der didaktischen Rekonstruktion anschaulich in die Praxis umsetzen konnten, weil sie es begriffen hatten. Eine besondere Bedeutung erhielt dabei der Einbezug des Vorwissens von Schülerinnen und Schülern (Auswertung Präkonzepte). Die Sachanalyse nach Köck und die ‚Folie Klapp' wurden als wichtiges Hilfsmittel für eine zeitgemäße Unterrichtsgestaltung verstanden. Allerdings blieben Zweifel bestehen, ob sie auch im Schulalltag so planen würden, dies vor allem aufgrund des zeitlich größeren Planungsumfangs.

Auch aus Sicht der Dozierenden wurde festgestellt, dass der Mehrwert des Prinzips der didaktischen Rekonstruktion von den Studierenden nicht nur erkannt, sondern auch verinnerlicht wurde. Die Studierenden hatten sowohl selbst erlebt als auch theoretisch reflektiert, dass eine Unterrichtsplanung nur dann wirklich gut ist, wenn sie auf fundierten Grundlagen basiert (Klärung von Sache und Perspektiven der Schülerinnen und Schüler), die Theorie-Praxis-Beziehung konnte veranschaulicht werden. Das methodisch-didaktische Vorgehen im Kurs wurde in andere Kurse mitgenommen und auf weitere Planungsarbeiten übertragen. Der Sinn der Raumkonzepte wurde verstanden. Auf der inhaltlichen Ebene konnte ein großer Wissenszuwachs bezüglich Aktualisierung und Differenzierung von in der Arktis relevanten Themen festgestellt werden. Dieser Wissenszuwachs zeigte sich deutlich in den Postkonzepten der Studierenden, die in Form von Ansichtskarten am Ende des Kurses eingeholt und besprochen wurden.

Ausgehend von den Erfahrungen und Erkenntnissen der Kurse konnten hinsichtlich der Optimierung der Lehrerinnen- und Lehrerbildung folgende Thesen abgeleitet werden:
- Die Verknüpfung von didaktisch-theoretischen Grundlagen mit unmittelbar erlebbaren Inhalten führt zu einer intensiven Auseinandersetzung mit der Frage nach gutem Geographieunterricht.
- Das Prinzip der Didaktischen Rekonstruktion wird für die Studierenden erst dann plausibel, wenn sie deren Sinn und deren Umsetzung am eigenen Leib erfahren haben.
- Das Transparentmachen der eigenen Konzepte bewirkt eine erhöhte Aufmerksamkeit im Lernprozess und verbessert das Engagement der Studierenden.

- Das Durchspielen eines didaktischen Prinzips mit einem für die Studierenden aktuellen Thema – vergleichbar mit Stunden für Schülerinnen und Schülern – wird plausibel und führt zu nachhaltigen Erkenntnissen und Lernerfolgen.
- Didaktisch fundierte, gute Unterrichtsumsetzungen sind in der Lehrerinnen- und Lehrerbildung mehr wert, als isolierte gute didaktische Inputs.

5 Rückblick und Ausblick

Grundsätzlich werden der Kursaufbau und die Kursdurchführung hinsichtlich der späteren Lehrerinnen- und Lehrertätigkeit als hilfreich und sehr wertvoll beschrieben. Daher gilt es, das Kurskonzept beizubehalten und Details zu optimieren. Bei der Interpretation und Gruppenbildung der Präkonzepte müssen in Zukunft aber nicht nur die Bilder, sondern auch die Stichworte und Texte differenzierter ausgewertet werden. Zudem haben sich vorgegebene Unterrichtsthemen wie Planet Erde oder Afrika als zu offen für eine Unterrichtsplanung von 4-6 Stunden erwiesen. Mit der Weiterführung des Kurses wird sich die Stichprobe weiter erhöhen, sodass differenziertere Aussagen zu Vorstellungen zur Arktis möglich werden. Hinsichtlich des Wissens über die Arktis besteht Bedarf zu klären, wie der Wissenszuwachs auch mit größerem Abstand zum Kurs aussieht. Es wäre deshalb interessant, Postkonzepte beispielsweise nach einem Jahr ein weiteres Mal zu erheben. Und nicht zuletzt muss geklärt werden, wie das Kurskonzept auf andere Regionen oder Themen übertragen werden kann, wie z.B. Arabische Halbinsel, Afrika, Verbaute Schweiz oder Tourismus.

Literatur

ADAMINA, M. (2012): Vorstellungen von Schülerinnen und Schülern zu raum-, zeit- und geschichtsbezogenen Themen. (Diss.) Bern.

CONRAD, D. (2012): Schülervorstellungen zur eisigen Welt der Polargebiete. Ergebnisse einer explorativ angelegten Studie. Geographie und ihre Didaktik 40, S. 105-127.

DUIT, R. (2008): Zur Rolle von Schülervorstellungen im Unterricht. In geographie heute, Heft 265, S. 2-6.

KÖCK, H., REMPFLER, A. (2004): Erkenntnisleitende Ansätze – Schlüssel zur Profilierung des Geographieunterrichts: Mit erprobten Unterrichtsvorschlägen. Köln.

REINFRIED, S. (2010, Hrsg.): Schülervorstellungen und geographisches Lernen. Aktuelle Conceptual-Change-Forschung und Stand der theoretischen Diskussion. Berlin.

REINFRIED, S. (2008): Schülervorstellungen und Lernen von Geographie. In geographie heute, Heft 265, S. 8-13.

REUSCHENBACH, M. (2012): Inuit – Leben zwischen Tradition und Moderne. In geographie heute, Heft 305/306, S. 8-13.

Themenhefte von Zeitschriften und Dokumente:

Raumwahrnehmung/Raumvorstellung: Themenheft der Zeitschrift Geographie und Schule, Heft Nr. 164, Dezember 2006.

Raumkonzepte im Geographieunterricht (Zugriff 20.4.13); online unter: www.geographie.uni-jena.de/geogrmedia/Lehrstuehle/Didaktik/Aktuelles/Raumkonzepte_15_08_.pdf

Mirka Dickel, Fabian Pettig
Das Städtische im Film
Videographie in der geographiedidaktischen Lehre

Filme, die schulische Lernprozesse unterstützen können, wurden von Pädagogen schon bald nach der Entstehung des Mediums Film entdeckt. Bereits 1919 richtete das Berliner Zentralinstitut für Erziehung und Unterricht eine Beratungs- und Prüfstelle für Lehrfilme ein. Mit der Etablierung von Bildstellen wurden Unterrichtsfilme für alle Lehrkräfte verfügbar.

Da der Film Visuelles (bewegte Bilder, Textbotschaften) und Akustisches (Sprache, Geräusch, Klang) verbindet, dynamische Abläufe darstellen kann und dadurch einen hohen Grad an Anschaulichkeit und Einprägsamkeit erreicht, eignet er sich als geographisches Medium besonders. Im vorliegenden Beitrag wird die Konzeption eines Seminars aus dem Bereich der Geographiedidaktik, speziell ‚Film im Geographieunterricht', vorgestellt, welches im Sommersemester 2010 an der Universität Hamburg[4] stattfand. Idee war es, verschiedenen Facetten des Städtischen im Medium Film Ausdruck zu verleihen.

Dieses Seminar war entlang von zwei miteinander verschränkten Zielsetzungen konzipiert: Zum einen sollten die Studierenden einen Kurzfilm erstellen, der im Geographieunterricht einsetzbar ist. Referenzpunkt der konzeptionellen Leitlinien, mit deren Hilfe die einzelnen Themenfelder der Filme aufgespannt wurden, ist die Theorie der Produktion des Raumes von Henri LEFEBVRE (1974). Die im Seminar entstandenen Filme sind inhaltlich auf die Stadt Hamburg bezogen und folgen jeweils einer kulturgeographischen Fragestellung. Zum anderen sollten die Studierenden über den Aushandlungs- und Schaffungsprozess in die Lage versetzt werden, selbst Filmprojekte zu geographischen Fragestellungen in der Schule zu betreuen.

Im Folgenden stellen wir die Konzeption und Zielsetzungen des geographiedidaktischen Projektseminars vor. Dabei wird die Sache von hinten aufgerollt: Ausgangspunkt ist der Film als Produkt einer Projektgruppe, anhand dessen die Schichten des Städtischen, die zur Darstellung gebracht werden, nachgezeichnet werden. Anschließend werden die fachlichen und didaktischen Leitlinien entfaltet, entlang derer das Seminar konzipiert wurde.

1 Der dressierte Blick

Worum geht es im ausgewählten Produkt[5], das hier als Beispiel dient? Gegenstand des Films ist der heutige Wohlers Park in Hamburg-Altona. Dieser war bis 1979 ein Friedhof, Friedhof Norderreihe. Seit 1897 wurde hier keine neue Grabstätte mehr zugelassen. In den späten 1970er-Jahren wurde der Friedhof zur öffentlichen Grün-

---

[4] Das Seminar haben die Autoren gemeinsam mit Martin Scharvogel geleitet.
[5] Die nachfolgenden Bilder sind Stills aus dem Film „Der Wohlerspark – Eine Kontroverse", der von Herma Friesenborg, Steffen Klemz, Carina Koll, Niklas Pfanzler konzipiert und gedreht wurde.

anlage umgestaltet und schließlich als Wohlers Park eröffnet. Aktuell überlagern sich zwei Ebenen der Nutzung, die ehemalige und die rezente – Friedhof und Park –, es kommt auf den ersten Blick zu einem Spannungsverhältnis zwischen den Akteuren. Der Nutzungskonflikt fällt dem Betrachter des Films sofort ins Auge. Woran liegt das? Als Geographen sind wir in fachliche Ordnungsmuster hineinsozialisiert, die unsere visuelle Wahrnehmung leiten. Im Hinsehen nehmen wir das für Geographen Typische und Bedeutsame, hier den Funktionswandel und den Nutzungskonflikt, in den Blick.

Der Aufbau von (Fach-)Begriffen im Unterricht und ihre Anwendung stellt sicherlich einen wichtigen Aspekt des Lernens und Differenzierens dar. Mittels Fachbegrifflichkeiten können wir Dinge präzise benennen, unterscheiden und erläutern. Doch die Arbeit mit Fachbegriffen und fachbezogenen Ordnungsschemata hat eine weitere Seite. Das Erlernen dieser Muster des Sehens und ihrer regelgerechten Anwendung kommt einer „Wahrnehmungsdressur" (WARDENGA 2006, S. 41) gleich. Die von der musterhaften Gestalt abweichenden Formen fallen durch die Maschen des Beobachtbaren. Der Film bietet nun auch die Chance, den Blick zu öffnen und das ins Auge zu fassen, was normalerweise durch die Maschen fällt.

2 Die Öffnung des Blicks

Indem wir den Film mit einem zweiten Blick (SCHNEIDER 2013) betrachten, richtet sich unsere Aufmerksamkeit auf Ungewöhnliches und Außerordentliches, das heißt auf etwas, das außerhalb der gewöhnlichen geographischen Ordnung liegt. So lassen sich Schichten des geographischen Phänomens in Erfahrung zu bringen, die jenseits der klassischen Fachsystematik angesiedelt sind. Schauen wir noch einmal hin: Ein Park ist heutigem Verständnis nach eine öffentliche Grünfläche, die der Naherholung dient. Es sich mit der Familie oder mit Freunden auf der Wiese bequem zu machen, die Sonne und das Beisammensein zu genießen, sind also nachvollziehbare Handlungen. Die Vorstellung darüber, was angemessenes Handlungsrepertoire für das Verweilen im Park ist, ist die in dieser Szene des Films gezeigte Praxis vor Ort. Diese spezifische Situation erscheint also stimmig.

Auch auf konzeptioneller Ebene erfahren solche Vorstellungsmuster Bedeutung. Beispielsweise, indem diese Fläche als Park ausgewiesen wird. Im Büro des Entwicklungsquartiers Altona-Altstadt berichtet ein Sprecher davon, wie sich das Verhalten von Parkbesuchern in den letzten Jahrzehnten gewandelt hat: Damals, als der Park gerade ausgewiesen wurde, wurde noch die Stimme gesenkt, man stieg vom Rad und das Besondere des Ortes wurde respektiert.

Was vor Ort angemessen ist und was nicht, ist davon beeinflusst, ob der Ort in der eigenen Vorstellung Friedhof oder Park ist, beziehungsweise, ob er als Park oder Friedhof ausgewiesen ist. Das ‚ist' in diesem Satz ist entscheidend. Zumeist bleibt unbeachtet, wie diese Zuschreibung zustande kommt. Es wäre lohnend das Selbstverständliche einmal zu hinterfragen: Wie kommt das Ist zustande? Oder anders gesagt: Wann ist ein Ort Friedhof und wann Park? In diesem Moment ist es die vermeintliche Logik von Orten, die in den Blick gerät.

Diese räumliche Logik wird insbesondere im Moment der Begegnung mit dem Unerwarteten befragbar. Die soziale Praxis des Auf-dem-Grabstein-Grillens erscheint vielen von uns und, wie auch die Interviews im Film zeigen, einigen Parkbesuchern unangemessen, obgleich das Grillen in Parks gemeinhin gängige soziale Praxis ist.

An dieser Stelle wäre es lohnend, einmal zu hinterfragen, wer eine Praxis als legitim ansieht und wer nicht und aus welchen Gründen. Was hat die Legitimität und Durchsetzung sozialer Praktiken mit Macht, mit der Materialität und dem Zeitgeist zu tun? Zugleich ist zu beobachten, dass bestimmte soziale Praktiken im Park, wie z.B. Tai-Chi-Übungen, als durchaus mit der Präsenz der Grabsteine und Gedenktafeln vereinbar wahrgenommen werden. Im Film ist in diesem Zusammenhang von der besonderen Atmosphäre oder Aura des Wohlers Parks die Rede.

Dabei kann dann die Frage in den Fokus rücken, was die Aura oder Atmosphäre eines Ortes überhaupt auszeichnet, wodurch sie entsteht und welche Bedeutung sozialen Praktiken der individuellen Bedeutungszuweisung und den Repräsentationen des Wohlers Parks beigemessen werden muss.

Auch dieser Film ist eine mediale Repräsentation des Wohlers Parks. Es bietet sich an, das eigene Produkt in den Kontext zu anderen Repräsentationen, wie solchen der touristischen Vermarktung, zu setzen, die zusätzlich recherchiert werden müssen, um zu beleuchten, mit welcher Intention diese gemacht sind.

Was haben wir nun durch die Öffnung des Blickes, die wir hier beispielhaft entfaltet haben, gewonnen? Dreierlei: Erstens sind uns Widersprüche aufgefallen, die dann zweitens zu Fragen geführt haben, welche drittens die Räumlichkeit als hergestellte Größe ins Zentrum unserer Betrachtung rückten. Die hier nachgezeichnete Auseinandersetzung mit dem Film deutet bereits den fachlichen und didaktischen Bezugsrahmen an, innerhalb dessen die filmische Inszenierung des Wohlers Parks bewusst aufgespannt wurde.

3 Fachliche und didaktische Leitlinien

In dem Projektseminar begegneten wir in einem ersten Schritt Phänomenen des Städtischen unter einer bestimmten Theorieperspektive: Räume nicht als Container, sondern im Prozess ihrer Produktion in sozialen Kontexten zu begreifen. In der Geographie der letzten Jahrzehnte ist diese Idee nicht neu. Sie dient diesem Film als Grundlage, den Wohlers Park nicht *als* Friedhof oder *als* Park zu verstehen und zu zeigen. Vielmehr ist er ein spezifischer Ort mit spezifischen Zuschreibungen, durch die *der* Wohlers Park erst im Moment der Bedeutungszuweisung und des Erlebens entsteht.

Der französische Philosoph und Soziologe HENRI LEFEBVRE beschreibt in seiner Theorie der Produktion des Raumes drei Modi, die in unauflösbarer Verwobenheit Raum erst entstehen lassen: Die räumliche Praxis, die Räume der Repräsentation und die Repräsentation des Raumes; oder mit CHRISTIAN SCHMID (2005) für das Subjekt formuliert: den wahrgenommenen, den erlebten und den konzipierten Raum. Kennzeichnend für LEFEBVRES Theorie ist neben der interdependenten Beziehung dieser drei nur heuristisch voneinander zu trennenden Modi die Brüchigkeit, die zwischen den Polen herrscht. Bis hierhin wurde eine Reihe von Fragen an spezifischen Stellen des Films entwickelt, die sich entlang der drei Modi verorten lassen. Im Kern drehen sich die verschiedenen Fragen um vermeintlich unhinterfragbare Raumlogiken, die Handlungen an und Erleben von Orten färben und strukturieren.

Angesichts der Brüchigkeiten und Leerstellen stellt sich die Frage, woran man sich überhaupt noch orientieren kann. Im Anschluss an bildungsphilosophische Ideale geht es darum, den Wert der Frage neu zu bemessen. Das heißt, man nimmt die Fragen zum Ausgangspunkt, um sich des eigenen Weltverhältnisses bewusst zu werden. So wird es möglich, unsere Konzeptionen von und unsere Vorstellungen darüber, was Park und Friedhof auszeichnet, neu zu entwerfen. Es geht darum, bisherige Denkmuster durch das Hinterfragen des Alltäglichen aufzuschlüsseln und sich mit reflexiver Haltung vermeintlicher Raumlogik zu nähern.

Als Betrachter des Films sind wir dazu aufgefordert, uns selbst in diesem Gefüge zu erfahren, uns zu positionieren, an der Grenze unserer eigenen Bedeutungen und Verstehensbemühungen nachzuforschen und Antworten auf unsere Fragen zu finden. Indem wir über echte Fragen der Betrachter des Filmes arbeiten, wird sowohl ein Verständnis für Geographie als auch ein Verständnis für das Selbst (weiter-)entwickelt. In diesem Sinne dient der Film nicht nur in einem traditionellen Verständnis als Informationsquelle, die ihr Wissen an die Betrachter weitergibt. Vielmehr macht er aufmerken und regt an, eigene Fragen zu formulieren.

4 Entfaltung der Seminarstruktur

Der Film wurde aus insgesamt fünf Filmen ausgewählt, die jeweils von drei bis vier Studierenden zu einem stadtgeographischen Thema in Hamburg gedreht wurden. Die Filme sind in einem geographiedidaktischen Projektseminar entstanden, zu jedem Film wurde eine didaktische Handreichung angefertigt. Zwei miteinander verschränkte Grundentscheidungen rahmten die Konzeption des Seminars:

Erste Grundentscheidung: Referenzpunkt der konzeptionellen Leitlinien, mit deren Hilfe Thema und Inhalte des Filmes aufgespannt werden, ist die Theorie der Produktion des Raumes von HENRI LEFEBVRE. Indem wir hier eine Theorie der Produktion von Raum als Ausgangspunkt wählen und keine Raumtheorie, treffen wir eine maßgebliche Entscheidung: Raum soll als Produkt der sozialen Praxis verstanden werden und nicht als eine an sich vorhandene Gegebenheit. Damit stellen wir sicher, dass es im Film nicht darum geht, glatte Interpretationen geographischer Phänomene zur Ansicht zu bringen, sondern dass das Phänomen in seiner räumlichen Vielschichtigkeit und Brüchigkeit sichtbar und befragbar wird. Indem wir so vorgehen, rücken wir ab von der Haltung „Es ist so!" und nehmen eine fragende Haltung ein: „Ist es so?".

Zweite Grundentscheidung: Die Studierenden sind über einen längeren Zeitraum mit der Planung und Umsetzung des Filmprojektes beschäftigt. Diese Phase ist durch den Aushandlungs- und Schaffensprozess geprägt, in dem Fragen der Erfahrung, Darstellung, des Wissens und der Bildung immer wieder auftreten und diskutiert werden müssen. Durch das eigene Tun werden die Studierenden in die Lage versetzt, selbst Filmprojekte zu geographischen Fragestellungen in der Schule zu betreuen.

Die Seminararbeit bestand aus 5 Phasen:

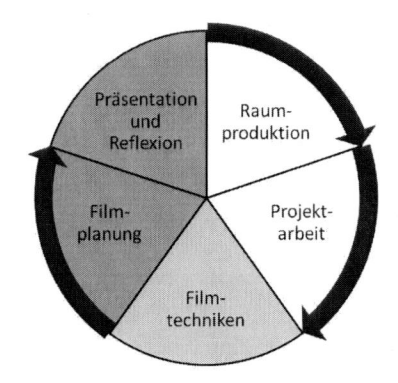

Abb.1 Phasierung des Arbeitsprozesses (eigene Darstellung, PETTIG 2013)

Phase 1: Vorarbeit zum Verständnis von Raumproduktion. An einem stadtgeographischen Beispiel, der Gestaltung des Bahnhofsvorplatzes im Schweizerischen Romanshorn, wurden die verschiedenen Facetten der Theorie der Produktion von Raum aufgeschlüsselt (DICKEL, SCHARVOGEL 2012). Im Anschluss daran wurde erarbeitet, wie diese fachlichen Zugänge sich didaktisch umsetzen lassen und welche didaktische Relevanz diese haben.

Phase 2: Projektarbeit. Im Folgenden diente die Theorie der Produktion des Raumes als Orientierungsschema für Projektarbeiten. Die Studierenden arbeiteten zu dritt oder viert an einem selbstgewählten geographischen Phänomen in Hamburg: dem Tierpark Hagenbeck, dem Wegenetz auf dem Campus, der U- und S-Bahnstation Jungfernstieg, dem Stadionbau des FC St. Pauli am Millerntor und dem Schanzenviertel.

Phase 3: Filmtechniken. Diese Phase bildete das Scharnier zum Filmprojekt. Im Seminar beschäftigten wir uns mit einigen Tipps und Techniken zum Filmen (Einstellungsgrößen, Perspektivität, Storyboard, Technik, Schnitt). Die Vorbereitung der technischen Umsetzung – Kamerabedienung und Arbeit mit professioneller Videobearbeitungssoftware – wurde durch Mitarbeiter des Medienzentrums der Universität Hamburg unterstützt. Diese Phase mündete in kritischer Auseinandersetzung mit dem Manifest Dogma-95 von Lars von Trier in Überlegungen zu filmischen Leitlinien mit dem erklärten Ziel, bestimmten Tendenzen des klassisch geographischen Lehrfilms, der im Modus der Welterklärung funktioniert, entgegenzuwirken und eine Dramaturgie zu ermöglichen, die Fragen öffnet.

Phase 4: Filmplanung. Die Arbeit an den Filmprojekten begann. Neben der Planung und Durchführung des jeweiligen Vorgehens in Eigenregie kamen die Teilnehmer an drei Terminen zusammen, um erste Szenen vorzuführen und sich über Erfahrungen auszutauschen.

Phase 5: Präsentation und Reflexion. Die fertigen Produkte wurden vorgestellt. Nach den jeweiligen Präsentationen äußerten sich die Seminarteilnehmer über die Wirkung des Films. In einem zweiten Zugriff wurden der geographiedidaktische Wert und der didaktische Ort des Filmes diskutiert.

5 Fazit

Ziel unseres Beitrags ist es, eine Möglichkeit aufzuzeigen, wie geographischrelevanten Fragestellungen in geographiedidaktischen Hochschulseminaren in Auseinandersetzung mit dem Medium Film Ausdruck verliehen werden kann. Den hier vorgestellten Film kann man vor dem Hintergrund der hergeleiteten Prinzipien vielleicht am treffendsten als vorsichtigen Versuch bezeichnen, vorsichtig dahingehend, dass es sich um einen Film handelt, der in seiner Erzählweise relativ linear und eindimensional aufgebaut ist. Es wäre durchaus denkbar, stärker mit traditionellen Vorstellungen darüber zu brechen, was einen Unterrichtsfilm auszeichnet und über Akzentuierung und filmische Inszenierung die Eigentümlichkeit des gewählten Phänomens stärker herauszuarbeiten. Letztlich kommt der Kontextualisierung des eigenen Produkts besonderes Augenmerk zu. Damit ist gemeint, dass die reflexive Auseinandersetzung mit der eigenen Aufzeichnungspraxis ein Baustein dafür ist, den eigenen Film in seiner raumproduzierenden Wirkung zu begreifen.

Literatur:

DICKEL, M., SCHARVOGEL, M.: Raumproduktion verstehen lernen. Auf den Spuren von Erzählungen und Imaginationen im Geographieunterricht. Schwalbach 2012.

DICKEL, M., SCHARVOGEL, M.: Geographische Exkursionspraxis: Erleben als Erkenntnisquelle. In: KANWISCHER, D. (Hrsg.): Geographiedidaktik. Ein fallbasiertes Lern- und Arbeitsbuch. Stuttgart 2013 (i.D.).

SCHMID, C.: Stadt, Raum und Gesellschaft. Henri Lefebvre und die Theorie der Produktion des Raumes. Sozialgeographische Bibliothek, Band 1. München 2005.
SCHNEIDER, A.: Geographische Reflexivität. Ostdeutsche Mobilitätsfragen im zweiten Blick. Berlin 2013 (i.D.).
WARDENGA, U.: Zwischen Innovation und Tradition: Geographische Siedlungsforschung in den 1960er Jahren. Siedlungsforschung. Archäologie – Geschichte – Geographie 24, 2006, S. 35-49.

Christoph Baumann
Handlungsorientierte Integration von Film in die geographische Lehre
Überlegungen und ein Umsetzungsbeispiel

1 Einleitung

Medien und Geographie stehen in einer engen Verbindung. Als Fenster zur Welt spielen gerade Bildmedien eine wesentliche Rolle beim alltäglichen wie professionellen Geographie-Machen. In Anschluss an fachgeographische und geographiedidaktische Überlegungen wird in diesem Beitrag für eine explizite Thematisierung (bild-)medialer Geographien in der schulischen wie universitären Lehrpraxis plädiert. Am Beispiel des Seminars ‚Mediengeographische Praxis: audiovisuelle Medien', das im Sommersemester 2012 erstmals an der Friedrich-Alexander-Universität Erlangen-Nürnberg angeboten wurde, wird eine Variante einer möglichen handlungsorientierten Integration des Bildmediums Film in die geographische Lehre vorgestellt.

2 Überlegungen zum Verhältnis Geographie – (audio-)visuelle Medien – Lehre
2.1 Die Rolle medialer Geographien

Kurz bevor Katrin ihr Büro verlässt, wird sie über eine Facebook-Nachricht auf einen Youtube-Clip verlinkt, in dem es um aktuelle Geschehnisse in Syrien geht. Da sie noch rechtzeitig ihre Bahn nach Hause erreichen will, sieht sie sich den Clip im Zug auf ihrem Smartphone an. Am Bahnhof angekommen, erfährt sie in der U-Bahnstation auf einem Werbescreen, dass McDonalds nur qualitativ hochwertige Produkte aus heimischen ländlichen Regionen anbietet. Wie solche ländlichen Regionen beschaffen sind, kann sie im Vorabendprogramm bei Bauer sucht Frau, Rosenheim Cops oder Landlust TV sehen. Die urbane Kontrastfolie dazu liefert ihr die Serie Sex and the City. Katrin ist zwar schon einigermaßen über die aktuelle Lage in Syrien informiert, bekommt aber in der Tagesschau eine Zusammenfassung und geopolitische Bewertung der neuesten Ereignisse. Den anschließenden ARD-Brennpunkt, der weitere Hintergrundinformationen bietet, kann sie allerdings nicht mehr wahrnehmen, da sie mit Freunden fürs Kino verabredet ist. In dem Film Babel bekommt sie einen Einblick in die mexikanische, marokkanische, japanische und US-amerikanische Gesellschaft. Der Film ist relativ schwere Kost, sodass es Katrin zu Hause schwerfällt, einzuschlafen. Sie bemüht deshalb die ZDF-Mediathek und lässt sich vom Traumschiff mit dessen exotisch-harmonischen Bild- und Klangwelten in den Schlaf wiegen.

„Was wir über die Gesellschaft, ja über die Welt, in der wir leben, wissen, wissen wir durch Massenmedien," lautet der erste, sehr häufig zitierte Satz aus Niklas LUHMANNS (2004, S. 9) Die Realität der Massenmedien. Wenngleich dieser Satz in seiner

Totalität übertrieben sein mag, so beschreibt er, wie stark Massenmedien am Aufbau unseres Wissens über die Welt beteiligt sind. Natürlich gilt dies insbesondere für geographisches Wissen. Unser alltägliches Geographie-Machen (u.a. WERLEN 1997) ist maßgeblich von medienbezogenen Praktiken und medial repräsentierten Geographien beeinflusst. Dabei spielen insbesondere (audio-)visuelle Geographien eine wichtige Rolle. Der zu Beginn beschriebene fiktive Abendverlauf Katrins liefert hierfür ein Beispiel, das wohl etwas überspitzt, aber sicher nicht unrealistisch ist.

2.2 Die Affinität von Geographie und (Bild-)Medien

Nicht nur das alltägliche, sondern auch das professionelle Geographie-Machen ist sehr stark bildmedial geprägt. Es gibt wenige wissenschaftliche Disziplinen, die so visuell ausgerichtet sind wie die Geographie (u.a. SCHLOTTMAN, MIGGELBRINK 2009; ZIMMERMANN 2009). Das zeigt sich an der wichtigen Rolle von Karten, aber auch an der prominenten Stellung von Medien oder Zeichensystemen wie der Photographie oder dem Film. Der wesentliche Grund hierfür liegt in erster Linie an den zentralen Gegenständen (oder Perspektiven) des Faches. Räumliche Kategorien sind leichter ikonisch repräsentierbar[6] als die Gegenstände anderer Disziplinen. Man kann Landschaften oder Menschen, die räumlich agieren, direkt repräsentieren, politische oder wirtschaftliche Systeme, Sprache oder Glaube dagegen weniger.

Dieses Charakteristikum der Geographie war und ist ein sehr günstiger Nährboden für eines der zentralen didaktisch-pädagogischen Konzepte, das sich seit dem 18. / 19. Jahrhundert etabliert hat: die Anschauung – dass man sich etwas besser vorstellen kann, sich besser merken und besser lernen kann, indem man sich buchstäblich ein Bild macht (u.a. RINSCHEDE 2007, 180f.; JAHNKE 2012b). Die Fokussierung auf die auf Anschauung orientierte, visuelle Kommunikation sieht man im schulischen Geographieunterricht genauso wie bei wissenschaftlichen Vorträgen von Geographen/innen.

Die Möglichkeiten der anschaulichen Repräsentierbarkeit gelten natürlich auch für das Audiovisuelle/Filmische, allerdings sind hier einige Ergänzungen zu machen: Fernsehbeiträge, Kinofilme oder digitale Clips sind Multitrack-Medienangebote, d.h. sie stellen Bedeutung durch den simultanen Gebrauch verschiedener Zeichensysteme und Gestaltungsebenen her – neben dem Bild etwa durch mündliche und schriftliche Sprache, Geräusche oder Musik. Das führt dazu, dass umfangreichere Möglichkeiten der Bezugnahme auf Geographie(n) möglich sind (z.B. regionale Referenzen durch typische Musik) und dazu, dass Räumlichkeit in umfangreicherer Weise evoziert werden kann (z.B. simultane Bild- und Klangräume). Die Raumbezogenheit des Filmischen ergibt sich daneben besonders aus seinem Bewegungscharakter (bewegte Bilder, bewegende Kamera und Objekte, Bewegung durch Montage). Dieser macht es dem Film auch leicht, Abläufe prozesshaft zu zeigen und Zusammen-

---

[6] zur Repräsentationsproblematik sowie zum durchaus problematischen Begriff der Ikonizität vgl. u.a. SCHLOTTMANN, MIGGELBRINK 2009, S. 16

hänge zwischen verschiedenen Aspekten herzustellen – zwischen verschiedenen Ereignissen, Prozessen/Prozesselementen oder Räumen. Dies kommt der Geographie, die in der Regel prozessorientierte und multidimensional-integrativ begriffen wird, entgegen.

2.3 (Bild-)Mediale Geographien als Gegenstand der Fachgeographie
Das Verhältnis der Disziplin Geographie zu Medien hat sich im Verlauf der vergangenen Jahre um eine Facette erweitert: (Bild-)Medien fungieren nicht mehr nur als methodische und/oder didaktische „Mittel zur Welt" (SCHLOTTMAN, MIGGELBRINK 2009, S. 14), sondern sie sind Gegenstand geographischer Forschung geworden. Im Anschluss an konzeptionell-erkenntnistheoretische Überlegungen, die im deutschsprachigen Kontext häufig unter dem Label Neue Kulturgeographie (vgl. u.a. GEBHARDT ET AL. 2007) subsummiert werden, geht es in der Geographie nicht mehr ausschließlich darum, in einer Beobachtung erster Ordnung „Räume zu identifizieren und zu beschreiben" (GLASZE 2012, S. 151), sondern auch darum, die Beschreibung von Räumen selbst in den Fokus zu nehmen (Beobachtung 2.Ordnung) und sich das alltägliche wie institutionalisierte „making of geography" (SOJA 1989, S. 1) samt dessen „geographical imaginations" (GREORGY 1994) genauer anzusehen.
In dieser Perspektive betrachtet man Räume vor allem auch als Elemente von Handlungen und Kommunikationen (WARDENGA 2002), was schließlich zu einer verstärkten Betrachtung medialer Herstellungsprozesse von Geographien führt. Dass dabei insbesondere auch (audio-)visuelle Geographien einen wichtigen Analysegegenstand darstellen, ergibt sich aus deren gesellschaftlichen Omnipräsenz sowie deren Affinität zum Geographischen.
Beispiele für deutschsprachige, geographische Forschungen, die sich dezidiert auf das Filmische konzentrieren, wären etwa Arbeiten zum Status der Landschaft im Spielfilm (ESCHER, ZIMMERMANN 2001), zu räumlichen Referenzen in Fernsehkrimis (BOLLHÖFER, STRÜVER 2005; BÖLLHÖFER 2007; BAUMANN 2010), zur Repräsentation von Urbanität im Film (FRÖHLICH 2007) oder zum Einfluss von Filmen auf die Reisemotivation (SIEHL 2011).

2.4 (Bild-)Mediale Geographien als Gegenstand der Geographiedidaktik
In der geographischen Fachdidaktik und Lehrpraxis wurden und werden Bildmedien vor allem gemäß Prinzipien wie Anschauung, Aktivierung oder Sekundärerfahrung integriert. Analog zur Fachgeographie lässt sich aber auch im didaktischen Kontext eine Perspektiverweiterung beobachten. Einen exemplarischen Überblick über diese relativ neue Diskussion innerhalb der Geographiedidaktik lieferte etwa die Ausgabe ‚Bildmedien von Geographie und Schule', in der in den verschiedenen Beiträgen (JAHNKE 2012b; DICKEL, HOFFMANN 2012; NÖTHEN 2012; PLIEN 2012) Überlegungen skizziert sind, inwiefern das Fach Geographie auf das alltagspraktische, stark bildmedial bedingte Geographie-Machen der Schüler/innen reagieren kann. Eine der

wesentlichen Fokusverschiebungen dieser Herangehensweise lässt sich mit Holger JAHNKE (2012b, S. 10) folgendermaßen beschreiben: „Die ontologische geographische Frage nach dem „Was sehen wir im Bild?" sollte daher durch die epistemologische Frage nach dem „Wie wird X in diesem Bild dargestellt?" ersetzt [bzw. ergänzt, C.B.] werden. [...] Die Bildwirklichkeiten, in denen sich Schüler/-innen einer Klasse bewegen, können dann Gegenstand des Unterrichts werden: ein Kinofilm, ein viel diskutiertes Werbefoto, die Fernsehübertragung eines aktuellen Sportereignisses, der Tatort oder ein vielbesuchter Videoclip können mit den geographischen Fragestellungen „Wie wird der Raum X in diesem Bildmedium dargestellt?" beziehungsweise „Wie wird das (geographische) Thema Y in jenem Bildmedium dargestellt?" bearbeitet werden."

Eine derart ausgerichtete Integration von (Bild-)Medien in die geographische Lehre setzt sich zum Ziel, ein reflektiertes Bewusstsein für mediale Geographien (weiter) zu entwickeln. Einher geht diese epistemologische Ergänzung mit einer stärkeren Handlungsorientierung. Neben anderen pädagogisch-didaktischen Vorteilen (vgl. LENZ 2003) können durch die Handlungsorientierung, d.h. hier durch die eigene Medienpraxis, bestimmte ästhetische oder dramaturgische Gestaltungsdimensionen besser elaboriert werden – z.B. die Effekte bestimmter Einstellungsgrößen oder Schnitttechniken. Darüber hinaus erlaubt eine handlungsorientierte Integration nicht nur eine stärker reflektierte Rezeption medialer Geographien, sondern ermutigt zu einem eigenen geographischen Blick (JAHNKE 2012a), zur Produktion eigener Perspektiven auf Raum/geographische Themen und somit zu einer aktiven Auseinandersetzung mit Geographie.

Vorschläge zum handlungs- und produktionsorientierten Umgang mit audiovisuellen Medien kommen bislang vor allem aus Bereichen wie beispielsweise der Kunst- oder Deutschdidaktik (z.B. FREDERKING ET AL. 2008), aber auch in der Geographie gibt es vermehrt filmbezogene didaktische und gerade auch handlungsorientierte Konzepte. Am Beispiel des Films Babel zeigt Marion PLIEN (2012), in welche Richtung eine geographische und mediensensible Filmanalyse gehen kann. Im Hochschulkontext bietet die Arbeitsgruppe Geographie und Medien der Universität Kiel Lehrveranstaltungen in den Bereichen Medien, Umweltkommunikation und Bildung für eine nachhaltige Entwicklung an (http://www.geomedien.uni-kiel.de/index.php?id=13). Weitere Beispiele für eine Integration audiovisueller Medien in die geographische Hochschullehre liefern etwa Bernhard FUHRER (2008), Mirka DICKEL und Fabian PETTIG (in diesem Band) sowie vorliegender Beitrag.

3 Umsetzungsbeispiel: Das Seminar ‚Mediengeographische Praxis: audiovisuelle Medien' an der FAU Erlangen-Nürnberg

3.1 Rahmen

Im Anschluss an die hier skizzierten fachgeographischen und geographiedidaktischen Überlegungen wurde im Sommersemester 2012 am Geographischen Institut der Universität Erlangen-Nürnberg ein medienpraktisches Seminar mit dem Titel ‚Mediengeographische Praxis: audiovisuelle Medien' angeboten. Begünstigt wurde eine derartige Konzeption durch eine gewisse medienbezogene Forschungsausrichtung des Erlanger Instituts und die Medienaffinität verschiedener Mitarbeiter/innen.

Das übergeordnete Ziel lag darin, die Studierenden für das Verhältnis Geographie und (Bild-)Medien zu sensibilisieren. Neben dem Aufgreifen und Diskutieren aktueller Strömungen der Geographie (Neue Kulturgeographie, Mediengeographie, Filmgeographie) versuchte die explizit handlungsorientierte Konzeption des Seminars dabei, sowohl entsprechende Analyse- als auch Produktionsfähigkeiten der Studierenden weiter zu entwickeln und so theoretische Überlegungen praktisch zu elaborieren.

Unter Federführung des Geographischen Instituts (Christoph Baumann, Markus Tischner) wurde die Veranstaltung für drei verschiedene Studienrichtungen geöffnet: B.A. Geographie, Lehramtsstudiengänge Geographie, B.A. Medienwissenschaften. Obwohl diese dreifache Öffnung einen organisatorischen und inhaltlichen Mehraufwand bedeutete (verschiedene Studienordnungen und Modulregelungen, verschiedene inhaltliche Ansprüche der Fächer, etc.), wurde diese Variante gewählt, da sie einen noch intensiveren Austausch verschiedener fachlicher und methodischer Expertisen und Perspektiven ermöglicht.

3.2 Ablauf

Das Seminar war in mehrere Blöcke gegliedert. In einer dreistündigen Einführungssitzung ging es um eine erste Erkundung der Beziehung zwischen Medien bzw. Film und Geographie. Neben der Diskussion dreier Einführungstexte (GEBHARDT ET AL. 2007; ADAMS 2009; ZIMMERMANN 2009) sollten die Studierenden Aspekte ihrer jeweiligen Disziplin näher vorstellen. Dabei informierten die Medienwissenschaftler/innen über den Medienbegriff und bestimmte medientheoretische Überlegungen, die Geographen/innen gaben Auskunft über das Selbstverständnis der Geographie sowie über aktuelle Raumdebatten und die Lehrämtler/innen fokussierten die Frage, welche Rolle mediale Geographien im Leben Jugendlicher spielen.

In einem zweiten Block von gut sechs Stunden wurden filmanalytische und –dramaturgische Fragen erörtert. Am Beispiel eines fünfminütigen journalistischen Filmes über den Transitverkehr in den Alpen und seine Auswirkungen auf die lokale Bevölkerung diskutierten wir verschiedene Semantisierungspraktiken, Gestaltungselemente sowie Strukturierungsmöglichkeiten. Bei mehrmaligem Ansehen des Filmes wurden verschiedene Fragen gestellt, u.a.: Wie wird in welcher Weise ein bestimmter Raum dargestellt und von einem anderen abgegrenzt? (z.B. idyllisierende Darstellung eines Alpentals durch entspannende Flötenmusik, weite Kameraeinstellungen, langsamen Schnittrhythmus, Überblendungen etc. vs. dynamisierende Darstellung der Transitstrecke durch Elektromusik, schnellen und harten Schnittrhythmus etc.).

Am Ende dieser Sitzung wurden die Seminarteilnehmer/innen in drei Gruppen eingeteilt, wobei jede Gruppe aus mindestens einem/r Medienwissenschaftler/in, einem/r

Lehrämtler/in und einem/r B.A.Geographen/in bestehen sollte. Den Gruppen wurde der Arbeitsauftrag gegeben, eine Idee für einen etwa drei- bis fünfminütigen dokumentarischen Film zu einem geographischen Thema rund um Erlangen zu entwickeln und in einem entsprechen Exposé zu fixieren.

Am nächsten Blocktag bekamen die Studierenden eine Einführung in Produktionstechnik und -ästhetik, die sehr handlungsorientiert ausgelegt war. Nach kurzem Input konnten die Seminarteilnehmer/innen sich in kleinen filmischen Übungen, etwa zu Einstellungsperspektiven/-größen, selbst erproben. Besonders erfreulich dabei war, dass medienpraktisch versierte Medienwissenschaftler/innen ihre Kenntnisse an die anderen Studierenden weitergaben und so auch hier ein reger Austausch zwischen den Teilnehmern/innen stattfinden konnte.

Nach diesem ersten filmpraktischen Block wurden die Exposés in einer eigenen Sitzung im Plenum besprochen. In fachlicher Dimension wurden die geographischen Implikationen des Themas bzw. der geographische Blick auf das Thema diskutiert, in filmpraktischer Dimension wurden Möglichkeiten der medienspezifischen Aufbereitung in den Fokus genommen. Dabei wurden insbesondere auch Unterschiede und Gemeinsamkeiten von filmisch-journalistischen und wissenschaftlichen Geographien eruiert.

Anschließend hatten die Studierenden zehn Tage Zeit, ihren Film zu drehen. Das gedrehte Material diente als Grundlage für die Einführung in die Postproduktion, in der sich die Teilnehmer in die Software einarbeiteten und bestimmte dramaturgische Effekte erproben konnten (Wirkung des Schnitts, Wirkung von Musik etc.).

Nach weiteren 14 Tagen präsentierten die Gruppen ihre jeweiligen Filme über a) die Fahrradstadt Erlangen, b) den Erlanger Schlossgarten als Aneignungsort und c) die Integration von ausländischen Studierenden eines internationalen Erlanger Wohnheims.

Die letzte Aufgabe der Studierenden bestand darin, einen kurzen Reflexionstext zur fachlichen Grundlage und filmpraktischen Umsetzung ihres Themas zu verfassen.

3.3 Bewertung

Das wesentliche Ziel des Seminars lag nicht darin, professionelle Videojournalisten oder Filmemacher auszubilden, sondern die Studierenden für mediale Geographien – die Geographen/innen etwas mehr für *mediale* Geographien, die Medienwissenschaftler/innen etwas mehr für mediale *Geographien* – zu sensibilisieren und dabei ihre entsprechenden Reflexions- und Handlungsfähigkeiten zu steigern.

Auch wenn die Studierendenfilme zum Teil erstaunliche filmpraktische Qualität aufwiesen, lässt sich das Gelingen der Lehrveranstaltung nicht daran messen. Das Nachvollziehen und Entwickeln von mediensensiblen Perspektiven auf geographische Themen, der fachliche Austausch, das Erfahren und Bearbeiten von inhaltlichen, dramaturgischen, ästhetischen, technischen oder organisatorischen Problemen, kurzum, der *Prozess* der Konstruktion eigener audiovisueller Geographien stand klar im Mittelpunkt. Nichtsdestotrotz war – gerade für die Studierenden der Geographie sonst eher ungewöhnlich – die Aussicht auf das Fertigstellen eines eigenen Filmes Ansporn und steigerte sichtlich die Motivation im Vergleich zu anderen Lehrveranstaltungen.

In seiner Ausrichtung stellte das Seminar ein Experiment dar, das unserer Meinung nach geglückt ist und das uns zur Fortführung ermutigt. Auf der Basis der hier skizzierten Überlegungen versuchen wir dabei, eine neue Akzentuierung vorzunehmen, indem wir das Seminar stärker an geographische Themen, jenseits der Mediengeographie, binden. In der Veranstaltung ‚Mediengeographische Praxis: audiovisuelle Geographien des Ländlichen' (Sommersemester 2013) diskutieren die Teilnehmer/innen aktuelle Konzepte, Perspektiven und Themen der Geographie des Ländlichen (Raumes), um so ihre Filme auf der Basis einer noch intensiveren thematischen Elaboration herzustellen.

4 Schluss

Die Omnipräsenz von (audio-)visuellen Medien und die Hinwendung der Fachgeographie zu medienbezogenen Fragestellungen führt auch die Geographiedidaktik zur Diskussion neuer Formen der Integration von Bildmedien in die Lehrpraxis. Das vorgestellte Seminarkonzept – das sich in etwas abgewandelter Form auch auf die Schule übertragen lässt (vgl. BAUMANN 2012) – ist ein Beispiel geographischer Lehre, die versucht, die Schüler/innen oder Studierenden für mediale Geographien zu sensibilisieren.

Weitere Experimente – und gerade auch deren Evaluation und Kommunikation – sind wünschenswert. Dabei wäre etwa auch an kleinere Lösungen zu denken, die nicht in Form eines z.T. aufwändigen Projektes realisiert werden, sondern leichter in die reguläre Lehrpraxis integriert werden können.

Auch wenn dieser Beitrag für den handlungsorientierten Einsatz von (audiovisuellen) Medien in die geographische Lehre plädiert und zu weiteren experimentellen Umsetzungen ermutigen will, sei abschließend vor einem reinem Medienaktionismus gewarnt. Es sollte weniger darum gehen, irgendwas mit Medien zu machen, sondern darum, Medien/Medienpraktiken fachlich und didaktisch reflektiert in die Lehrpraxis zu integrieren.

Literatur

ADAMS, P.: Geographies of Media and Communication. A critical introduction. Singapore 2009.

BAUMANN, C.: Raum und Region in Fernsehkrimis – eine mediengeographische Analyse von Verortungspraktiken in ausgewählten ZDF-Vorabendserien. In: Mitteilungen der Fränkischen Geographischen Gesellschaft 57, 2010. S. 87-107.

BAUMANN, C.: Aktive Filmarbeit im handlungsorientierten Geographieunterricht. Relevanz, Grundlagen, Möglichkeiten. In: PINGOLD, M., UPHUES, R. (Hrsg.): Jenseits des Nürnberger Trichters. Ideen für einen zukunftsorientierten Geographieunterricht. Nürnberg 2012. S. 21-26.

BOLLHÖFER, B.: Geographien des Fernsehens. Der Kölner Tatort als mediale Verortung kultureller Praktiken. Bielefeld 2007.

BOLLHÖFER, B., STRÜVER, A.: Geographische Ermittlungen in der Münsteraner Filmwelt: Der Fall Wilsberg. In: Geographische Revue 1-2, 2005. S. 25-42.

DICKEL, M., HOFFMANN, K. W.: Mit Bildern umgehen – Zwischen Spielraum und Festlegung. In: Geographie und Schule 199, 2012. S. 12-19.

ESCHER, A., ZIMMERMANN, S.: Geography meets Hollywood. Die Rolle der Landschaft im Spielfilm. In: Geographische Zeitschrift 89/4, 2001. S. 227-236.

FREDERKING, V., ET AL.: Mediendidaktik Deutsch. Eine Einführung. Berlin 2008.

FRÖHLICH, H.: Das neue Bild der Stadt. Filmische Stadtbilder und alltägliche Raumvorstellungen im Dialog. Stuttgart 2007.

FUHRER, B.: Veredelter Kaffee. Wertschöpfungsketten konkret: Von der Vorlesung über die Exkursion zum Film. In: Geographische Rundschau 9, 2008. S. 60-65.

GEBHARDT, H. ET AL.: Neue Kulturgeographie. Perspektiven, Potentiale und Probleme. In: Geographische Rundschau 7/8, 2007. S. 12-20.

GLASZE, G.: Eine politische Konzeption von Räumen. In: DZUDZEK, I., ET AL. (Hrsg.): Diskurs und Hegemonie. Gesellschaftskritische Perspektiven. Bielefeld 2012. S. 151-172.

GREOGRY, D.: Geographical Imaginations. Oxford 1994.

JAHNKE, H.: Geographische Bildkompetenz? Über den Umgang mit Bildern im Geographieunterricht. In: Geographie und Schule 195, 2012a. S. 27-35.

JAHNKE, H.: Mit Bildern bilden – eine Bestandsaufnahme aus Sicht der Geographie. In: Geographie und Schule 199, 2012b. S. 4-11.

LENZ, T.: Handlungsorientierung im Geographieunterricht. In: Geographie heute 210, 2003. S. 2-7.

LUHMANN, N.: Die Realität der Massenmedien. Wiesbaden 2004.

NÖTHEN, E.: Bildern des Klimawandels begegnen – Methodische Annäherungen für den Unterricht und Alltag In: Geographie und Schule 199, 2012. S. 20-29.

PLIEN, M.: Filmische Geographien im Unterricht – Didaktisch-methodische Reflexion und Impulse für den Einsatz von filmischen Geographien im Unterricht. In: Geographie und Schule 199, 2012. S. 30-36.

RINSCHEDE, G.: Geographiedidaktik. Paderborn 2007.

SCHLOTTMAN, A., MIGGELBRINK, J.: Visuelle Geographien – ein Editorial. In Soc. Geogr. 4, 2009. S. 13-24.

SIEHL, S.: Filme, die beflügeln. Einflüsse von Filmen auf die Reisemotivation, Raumwahrnehmung und Imagebildung. Doktorarbeit an der Justus-Liebig-Universität Gießen 2011. Online veröffentlicht auf: http://geb.uni-giessen.de/geb/volltexte/2011/8053/pdf/SiehlStefan_2011_01_12.pdf., aufgerufen am 1.3.2013.

SOJA, E.: Postmodern Geographies: The Reassertion of Space in Critical Social Theory. London 1989.
WARDENGA, U.: Alte und neue Raumkonzepte für den Geographieunterricht. In: Geographie heute 200, 2002. S. 8-11.
WERLEN, B.: Gesellschaft, Handlung und Raum. Stuttgart 1997.
ZIMMERMANN, S.: Filmgeographie. Die Welt in 24 Frames. In: Döring, J.; Thielmann, T. (Hrsg.): Mediengeographie. Theorie-Analyse-Diskussion. Bielefeld 2009. S. 291-313. www.geomedien.uni-kiel.de/index.php?id=13. Aufgerufen am 01.03.2013.

Nina Brendel, Gabriele Schrüfer

Mobiles Lernen und Web 2.0 in der Ausbildung von Geographielehrer/-innen

Von der Chance zur Förderung einer neuen Lernkultur in der universitären Lehrerbildung

Die Digitalisierung unserer Gesellschaft schlägt sich in großem Maße in der Jugendkultur nieder, wie empirische Studien belegen: Seit 2010 sind 100% der 14- bis 19-Jährigen online (ARD/ZDF Onlinestudie 2012), die Zahl der Smartphone-Besitzer in dieser Altersgruppe ist sogar innerhalb von zwei Jahren von einem guten Achtel auf fast die Hälfte der Schüler angestiegen (JIM Studie 2010 und 2012). Genutzt werden die Smartphones vor allem zur Kommunikation mit Freunden und Bekannten sowie zum zeit- und ortsunabhängigen Zugriff auf Informationen im Web 2.0 (JIM 2012). Schüler können jederzeit und überall Wissen generieren und veröffentlichen.

Doch wird Schulbildung, wie sie heute in unseren Schulen praktiziert wird, noch diesen gesellschaftlichen Entwicklungen gerecht? Welche neuen Anforderungen stellt das an die Ausbildung der zukünftigen Lehrer? Und weshalb sollte gerade die Geographie partizipative Medien in den Unterricht integrieren? Anstatt dieser veränderten digitalen Sozialisation der Kinder und Jugendlichen auch in Schule und Unterricht Rechnung zu tragen und genuin erworbene mediale Kompetenzen gezielt zu nutzen, wird der Integration digitaler Medien in der Bildung in Deutschland oftmals mit großer Skepsis begegnet. Dabei ist es nicht nur die Pflicht von Unterricht, aktuelle gesellschaftliche Entwicklungen zu thematisieren und zu reflektieren. Der adäquate Umgang mit Medien und Verantwortung im *Social Web* muss von verschiedenen Unterrichtsfächern zum Thema gemacht und eingeübt werden. Der Geographie – seit jeher ein medienintensives Fach – kommt nun umso mehr die Aufgabe zu, eingesetzte Medien zu reflektieren und die Potenziale z. B. zur Dekonstruktion von Raumdarstellungen für sich nutzbar zu machen.

Bevor Web 2.0 mittels mobilen Endgeräten sinnvoll im Unterricht implementiert werden kann, muss jedoch eine entsprechende Ausbildung der jungen Lehrkräfte an der Hochschule vorangehen. Dazu legt dieser Artikel grundlegende Konzepte sowie *good practice*-Beispiele vor, wie das soziale Web und mobile Endgeräte in der Lehrerausbildung eingesetzt werden können.

Web 2.0 und Mobiles Lernen

Hinter dem Begriff Web 2.0 verbirgt sich lediglich eine bestimmte Entwicklungsstufe des Internets. War im Web 1.0 noch der Produzent von Inhalten getrennt vom Rezipienten, definiert sich das Web 2.0 genau über die Aufhebung dieser Grenze (BRENDEL, SCHRÜFER 2013). Internetnutzer können nun selbst Inhalte einstellen oder kommentieren und werden somit zu aktiven Gestaltern im Netz.

Mobiles Lernen bezieht sich dagegen konkret auf Lernprozesse, die durch mobile Endgeräte (z.B. Tablets oder Smartphones) ermöglicht werden. Der Interneteinsatz im Unterricht wird somit unabhängig von stationären Rechnern in wenigen Computerräumen und ermöglicht flexiblen, unmittelbaren und individuellen Zugriff der Schüler auf digitale, internetbasierte Lerninhalte (DÖRING, KLEEBERG 2006).

Eine technische Einarbeitungsphase ist oft obsolet, da die heutigen Schülergenerationen über vielfältige mediale Kompetenzen verfügen, die sie über ihre alltägliche Mediensozialisation erworben haben – die Grenze zwischen formellem und informellem Lernen verschwimmt damit immer mehr. Für den Schulunterricht liegt hier das Potenzial, diese Fähigkeiten aufzugreifen, an den Unterrichtsgegenstand anzubinden und so eine Brücke zwischen Lernen im Alltag und formellem Lernen zuzulassen, um die Schüler über selbstgesteuertes Lernen zu lebenslangem Lernen zu befähigen.

Denn zahlreiche Studien zum Einsatz von Web 2.0 und Mobilem Lernen in Schule und Hochschule belegen bereits positive Effekte hinsichtlich Motivation und Engagement der Lernenden, Förderung von Kreativität und Innovation, individuelle Leistungssteigerung und effektiveres Lernen sowie eine Aktivierung zurückhaltender Schüler und solcher mit besonderem Förderbedarf (CROOK et al. 2008; EBNER, MAURER 2006; HEINRICH (o.J.); HUFFAKER 2004; PAUS-HASEBRINK et al. 2010; REDECKER et al. 2009; TWINING et al. 2005).

Laut dem Horizon Report 2013, einer jährlichen Trendstudie des New Media Consortiums zur Adaptionswahrscheinlichkeit neuer Technologien in Bildungsinstitutionen, wird der Einsatz von mobilen Endgeräten innerhalb der nächsten 12 Monate sehr wahrscheinlich großen Einfluss auf Bildungsinstitutionen weltweit nehmen (JOHNSON et al 2013). Die Tatsache, dass Länder wie Thailand, Russland, Indien, Südkorea, die VAE und die Türkei innerhalb der nächsten 10 Jahre jeden Schüler mit einem Tablet ausstatten wollen, untermauert diese Prognose. Möglich wird diese Massenausstattung durch die Produktion von Billig-Tablets, die gepaart mit staatlicher Subventionierung für alle Schüler erschwinglich sind.

Warum Mobiles Lernen im Geographieunterricht?

Nun mag man die Frage stellen, weshalb sich gerade der Geographieunterricht auch noch mit Medienbildung beschäftigen sollte. Die Antwort liegt bereits im Verständnis des Faches begründet. So heißt es in den Bildungsstandards zum Beitrag des Faches Geographie zur Bildung (DGFG 2010, S. 6): „Geographie ist traditionell ein methoden- und medienintensives Fach; Anschaulichkeit und Aktualität spielen in ihm eine große Rolle. Schülerinnen und Schüler haben die Gelegenheit, sich mit einer Vielzahl von traditionellen oder computergestützten Medien vertraut zu machen. Die Lernenden erwerben dadurch die Fähigkeit zum effektiven und reflektierten Umgang mit Medien […]".

Der Umgang mit Medien ist demnach ein ureigenes Anliegen der Geographie, wobei hier besonders die Relevanz der Reflexion eben dieses Medieneinsatzes herausgestellt wird. Grundlage dieser Reflexionsprozesse im Unterricht ist jedoch, dass die angehenden Geographielehrerinnen und -lehrer im Studium entsprechende Kompetenzen erwerben und selbst in der Lage sind, ihre Mediennutzung zu reflektieren und zu bewerten.

Das Web 2.0 ermöglicht allen Teilnehmern, Wissen und Ideen zu veröffentlichen. Dies hat eine unüberschaubare Fülle an Informationen zur Folge. Schülerinnen und Schülern soll daher laut Bildungsstandards die „Fähigkeit, [...] Informationen in Medien und geographische Erkenntnisse kriterienorientiert sowie vor dem Hintergrund bestehender Werte in Ansätzen beurteilen [...] können" (DGFG 2010, S. 9).

Neben den Bildungsstandards kann der Einsatz von Web 2.0 und mobilem Lernen im Unterricht auch anhand ausgewählter Unterrichtsprinzipien nach RINSCHEDE (2007) verdeutlicht werden:

- Aktualität: Soziale Medien ermöglichen einerseits sehr zeitnah aktuelle Informationen z.B. über Twitter, Weblogs oder RSS zu erlangen – als Beispiel sei hier die Bedeutsamkeit von Twitter im Zuge des Arabischen Frühlings erwähnt. Eine Informationsrecherche in unterschiedlichen Medien und von unterschiedlichen (staatlich vs. privat, global vs. lokal etc.) Quellen fordert die Schüler andererseits auf, die Informationsgüte zu bewerten und gezielt geographisch relevante Inhalte zu entnehmen, zu verwerten und hinsichtlich ihrer Raumkonstruktion zu beurteilen.
- Realbegegnung: Während echte Realbegegnung im Unterricht selten möglich ist, bieten digitale Medien die Möglichkeit der behutsameren, virtuellen Begegnung mit Menschen und Phänomenen aus anderen Regionen. Betroffene oder Experten können beispielsweise via Videokonferenzen im Klassenraum mitdiskutieren. Über Webcams können Strukturen und Phänomene aus fast allen Teilen der Welt ins Klassenzimmer geholt werden.
- Anschauung: War der Internetzugang im Unterricht lange Zeit nur über stationäre Rechner mit doppelter Schülerbesetzung möglich, eröffnen persönliche mobile Endgeräte den Schülern individuelle Lernwege. So können sie z.B. eigenständig Lernmaterialien wie Videos, Simulationen und Animationen individuell und in ihrem eigenen Lerntempo bearbeiten.
- Vernetztes Denken: Die Selektion und Bewertung einer Vielfalt verschiedener Informationen und Quellen erfordern vom Schüler vernetztes Denken.
- Selbsttätigkeit: Wie bereits angesprochen, ist ein Großteil der Schülerschaft im Alltag aktiver Produzent von Medieninhalten. Neben der Reflexion des passiven Medienkonsums sollte der Geographieunterricht aber auch die aktive Produktion von Medien reflektierend in den Blick nehmen und für selbstverantwortlichen Umgang mit digitalen Inhalten sensibilisieren.
- Interkulturelles Lernen: Nicht zuletzt ermöglicht der Zugang zu unterschiedlichen Sichtweisen über unterschiedliche Medien auch verschiedenartige Blickwinkel auf das gleiche Phänomen und trägt so zu interkulturellem Lernen bei.

Mobiles Lernen und Web 2.0 in der ersten Lehrerbildungsphase

Anders als die Schülerschaft kommt die heutige Studentengeneration der 20- bis 30-Jährigen mit recht heterogenen medialen Kompetenzen an die Hochschule. Laut Seminarevaluation herrscht unter den Studierenden jedoch Einigkeit darüber, dass Medienkompetenz in ihrem zukünftigen Berufsleben als Geographielehrer/-innen von evidenter Bedeutung sein wird und sie sich auf eine medial geprägte Schullandschaft vorbereiten sollten.

Ein erster Schritt dazu ist beispielsweise die Implementierung von mobilem Lernen via Tablets in Seminaren, gepaart mit der Einbindung verschiedener Web 2.0 Anwendungen zum Datenaustausch, zur Kommunikation auch außerhalb der Präsenzzeit, der Studienorganisation und Vernetzung mit externen Partnern. Dazu dienen unter anderem die Apps Dropbox, Skype, Twitter sowie ein Wordpress-Seminarblog.

Am Institut für Didaktik der Geographie der Universität Münster stehen dazu 46 Tablets zur Verfügung: 16 Tablets werden im sogenannten 1:n-Modell in verschiedenen Seminaren in einzelnen Sitzungen eingesetzt. Der mit 30 iPads weitaus größere Teil wird jedes Semester in einem bestimmten Seminar für die Semesterlaufzeit ausgeliehen. Somit können die Geräte von den Studierenden personalisiert und für andere universitäre Arbeiten sowie privat genutzt werden (1:1-Modell). Durch die intensivere Beschäftigung mit den Geräten entsteht nicht nur ein individuelles Lernarrangement (je nach genutzten Apps), eine virtuelle Vernetzung der Studenten untereinander und mit dem Dozenten sowie ubiquitäres Lernen durch die Mobilität des Geräts. Auch der intuitive und alltägliche Umgang mit dem Tablet in verschiedenen Aktivitäten trägt zu eigenständigem medialen Lernen und Spill-Over-Effekten bei.

Dabei darf man jedoch nicht vergessen, dass Tablets im Grunde ein Medium sind, das per se weder Unterricht noch Universitätslehre verbessert. Analog zu Lehrbüchern, Powerpoint-Präsentationen oder Filmen hängt der Mehrwert entscheidend von der methodisch-didaktischen Konzeption ab: Zentrales Element mobilen Lernens ist nach DÖRING, KLEEBERG (2006) ein konstruktivistisches Lernparadigma, dem sich auch unsere Seminare verpflichtet fühlen.

Um diesen Ansatz zu verdeutlichen, werden exemplarisch drei Konzepte vorgestellt, die in unseren Seminaren konstruktivistisches Lernen ermöglichen sollen: das Gestalten persönlicher Lernumgebungen (1), Lernen in *Communities of Practice* (2) und Kollaboratives Lernen (3).

Grundlage personalisierten, selbstgesteuerten Lernens ist das Einrichten einer persönlichen Lernumgebung (PLE). Die EDUCAUSE LEARNING INITIATIVE (2009) definiert PLE wie folgt: „The term *personal learning environment* (PLE) describes the tools, communities, and services that constitute the individual educational platforms learners use to direct their own learning and pursue educational goals. […] A typical PLE,

for example, might incorporate blogs where students comment on what they are learning, and their posts may reflect information drawn from across the web – on sites like YouTube or in RSS feeds from news agencies."
Der Terminus beschreibt also keine konkrete Anwendung, sondern vielmehr eine bestimmte Herangehensweise an Lernaufgaben.
Im Seminar testeten die Studenten dazu eine Reihe von Online-Werkzeugen, die sie für ihr eigenes Lernen adaptieren konnten (z.b. Dropbox, Mind-Mapping Apps, Twitter, Evernote, Weblogs, Wikis). Ziel war die Reflexion und Bewertung verschiedener von den Studenten vorgeschlagenen Anwendungen im Kontext selbstgesteuerten Lernens. Eine verständliche Einführung in das Arbeiten mit PLEs bietet zudem ein von einigen Seminarteilnehmern erstelltes Video (online unter: http://youtu.be/eaoh9GSFOkE).
Demgegenüber stehen Communities of Practice (COPs), „eine Gruppe von Anwendern, z.T. Experten, die mehr oder weniger informell aneinander gebunden sind durch die Beschäftigung mit einem gemeinsamen Problem oder einem gemeinsam verfolgten Ziel und somit alle mit dem gleichen Wissensgebiet befasst sind" (FERREIRA, VALADARES 2010, S. 12). Um die Studenten über den Seminarraum hinaus mit Experten zu vernetzen und fachlichen Austausch zu ermöglichen, wurden zudem zwei Skype-Konferenzen durchgeführt: Das erste Gespräch widmete sich der Frage nach möglichen Auswirkungen des digitalen Lernens auf die Lehrerrolle (und -kontrolle). Bei einer zweiten Videokonferenz hatten die Studenten die Möglichkeit, mit einem Lehrer zu diskutieren, der bereits seit mehreren Schuljahren Tablets im Unterricht einsetzt. Darüber hinaus begleiteten beide Fachleute den Verlauf dieses Seminars über Twitter.
Ein weiterer Eckpfeiler der Seminare bildete das kollaborative Lernen. Darunter fasst man „Lernprozess[e], bei dem mehrere Lernende in verschränkten Arbeitsprozessen an einer gemeinsamen Aufgabe arbeiten. Anders als beim kooperativen Lernen erfolgt hierbei keine Arbeitsteilung unter den Gruppenmitgliedern, vielmehr verfügen alle über die gleiche Wissensbasis und unterstützen sich gegenseitig" (BRENDEL 2013). Im Seminar wurde dies über kollaboratives Schreiben eines Wiki-Eintrages erreicht: Die Studierenden setzten in Zweier-Teams die Inhalte einer Sitzung in strukturierter und vernetzter Form in einen Wiki-Eintrag um. Darüber hinaus sollten die Einträge im Laufe des Seminars durch Zusatzinformationen stetig erweitert und ergänzt werden. Ob wirklich kollaborativ und nicht kooperativ gearbeitet wurde, konnte über den Versionen-Vergleich der auf *moodle* basierenden Wiki-Software überprüft werden. In der Evaluation wurde insbesondere die Systematisierung und Vernetzung der Seminarinhalte von den Studenten als lernförderlich herausgestellt und der große Nutzen zur Klausurvorbereitung betont.
Als weitere Möglichkeit der Sicherung von Inhalten sowie der eigenverantwortlichen Medienproduktion waren die Studenten aufgefordert, erarbeitete Inhalte in sog. Screencasts, kurzen Erklärvideos, darzustellen. Dazu musste der Lerninhalt reflek-

tiert, bewertet, entsprechend reduziert und strukturiert sowie mit weiteren Informationen vernetzt werden. Das Tablet bietet durch die integrierte Kamera sowie simple, intuitive Apps eine einfache Herstellung solcher Videos, eine zeitaufwändige Einarbeitung in Schnittprogramme entfällt und macht die Videoproduktion damit schulalltagstauglich.

Anhand dieser Beispiele sollte verdeutlicht werden, wie Hochschullehre geöffnet werden kann – einerseits hinsichtlich einer stärkeren Partizipation externer Partner, andererseits aber auch einer mehr lernerzentrierten, ergebnisoffenen Seminargestaltung im Sinne echten konstruktivistischen Lernens. Letztere ist idealerweise mit einem neuen Rollenverständnis der Hochschullehrenden gekoppelt.

Wandel der Lehrer- und Lernenrollen

Um eine detaillierte Rückmeldung zu erhalten, welchen Wert mobiles Lernen und Web 2.0 in der Hochschullehre aus Studentensicht haben, wurden die Veranstaltungen ausführlich evaluiert: Im Pilotseminar wurden dazu vor und nach der Vorlesungszeit von den Seminarteilnehmern Fragebögen ausgefüllt und mit einem Drittel der Studierenden vertiefende Leitfadeninterviews geführt. Bei letzteren traten im Grunde zwei wesentliche Aspekte zu Tage:

Zum einen plädierten die Studierenden dafür, die Schüler im Geographieunterricht aus der Rezipientenrolle herauszuholen und ihnen eine aktive Partizipation zu ermöglichen. Dabei wurde auch die Bedeutsamkeit von Eigenaktivität und Selbstbestimmung der Schüler betont. Auf der anderen Seite war den Studenten die aus dieser neuen Schülerrolle resultierenden Veränderungen der Lehrerrolle durchaus bewusst: So sahen sie die größte Schwäche beim Einsatz von Tablets und Web 2.0 im Unterricht in der didaktischen Umsetzung durch den Lehrer. Hierbei stelle sich die Herausforderung an den Lehrer, dem Schüler mehr zu vertrauen und ihm und seiner eigenständigen Arbeit offen gegenüberzutreten – zum Beispiel, wenn der Schüler bei seiner Internetrecherche aktuellere Informationen findet als vom Lehrer bereitgestellt. In der Expertendiskussion offenbarten sich jedoch Vorbehalte der Studenten, wenn es darum ging, als Lehrer Kontrolle (über genaue Lerninhalte und Lernwege) abzugeben. Diese Kollision der theoretischen Befürwortung einer aktiven Schülerrolle mit der Angst vor eigenem Kontrollverlust führte bei vielen Studenten zu einer Dilemma-Situation. Auch die Diskussion, inwieweit Lehrende überhaupt Kontrolle über Lehrende haben oder ob es sich hierbei nicht nur um einen Kontrollillusionsverlust handle, zeigte den innerlichen Konflikt der Studenten, der in gezielten Reflexionsphasen über das persönliche Verständnis von Lehren beleuchtet wurde.

Dies scheint ein wesentlicher Schritt hin zu echtem konstruktivistischen Lernen und Unterricht zu sein. Denn nur wenn althergebrachte Lehrer- und Schülerrollen reflektiert und in Frage gestellt werden, kann sich eine Transformation ergeben hin zum Lernberater und Lernbegleiter, der Schüler bei seinem selbstgesteuerten Lernen unterstützt. Mobiles Lernen und Web 2.0 können hier eine wesentliche Hilfestellung geben – eine reflektierte Mediennutzung von Schülern und Lehrern vorausgesetzt. Der Bildungswissenschaftler Sir Ken Robinson beschreibt es mit den Worten: „education doesn't need to be reformed – it needs to be transformed" (ROBINSON 2010). Der erste Schritt dazu kann sein, mobile Endgeräte und Web 2.0 in Schule und Hochschule dem individuellen Lernkonzept angepasst einzusetzen und auszuprobieren. Mittel- und langfristig muss jedoch unsere Sicht auf Lehrende und Lernende grundlegend überdacht und die etablierte Attribuierung von Wissendem und Unwissendem aufgebrochen werden. Für die erste Phase der Lehrerbildung ergeben sich für uns daraus folgende Desiderata:

● Auch in der Hochschule sollte sich die Studentenrolle noch mehr wandeln vom Rezipienten zum Produzenten von Inhalten und Medien, während sich die Dozentenrolle zum Lerncoach entwickelt, der die Studenten in ihrem selbstregulierten Lernprozess begleitet. In der Lehrerbildung sind hier gezielte Reflexionsphasen zur Lehrerrolle und zum Kontrollillusionsverlust essentiell.

● Externe Partizipation von Experten oder der Öffentlichkeit in *Communities of Practice* öffnet Seminare für wertvolle Außensichten sowie für konstruktivistisches Lernen, das den Studenten ermöglicht, eigene Wissensstrukturen, eigene Meinungen und eigene Lernwege und Lernstrategien zu erwerben. Partizipative Web 2.0 Werkzeuge und ubiquitäre Lernmöglichkeiten durch Tablets unterstützen diesen Prozess ideal.

● Ziel einer solchen Lehrerbildung ist der grundsätzliche Erwerb einer *new media literacy*, die die angehenden Geographielehrern/-innen befähigt, Medien reflektiert zu nutzen, Inhalte verantwortungsbewusst zu produzieren, um letztlich bei ihren Schülern auf eine reflektierte, bewusste und verantwortungsvolle Mediennutzung und Medienproduktion hinzuwirken.

Literatur:
ARD/ZDF-ONLINESTUDIE (2012): Online verfügbar unter: http://www.ard-zdf-onlinestudie.de/index.php?id=onlinenutzungprozen0 (zuletzt aufgerufen am 18.04.2013)
BRENDEL, N. (2013): Kollaboratives Lernen. In: Didaktik der Geographie. Begriffe. München (im Druck).
BRENDEL, N., SCHRÜFER, G. (2013): Web 2.0. In: Didaktik der Geographie. Begriffe. München (im Druck).
CROOK, C., FISHER, T., GRABER, R., HARRISON, C., LEWIN, C., CUMMINGS, J., LOGAN, K., LUCKIN, R., OLIVER, M., SHARPLES, M. (2008): Implementing Web 2.0 in Secondary Schools: Impacts, Barriers and Issues. Becta Research Report. http://dera.ioe.ac.uk/1478/1/becta_2008_web2_useinschools_report.pdf (zuletzt aufgerufen am 18.04.2013).

DEUTSCHE GESELLSCHAFT FÜR GEOGRAPHIE (DGFG) (Hrsg.) (2010): Bildungsstandards im Fach Geographie für den Mittleren Schulabschluss – mit Aufgabenbeispielen. Bonn.

DÖRING, N., KLEEBERG, N. (2006): Mobiles Lernen in der Schule. Entwicklungs- und Forschungsstand. In: Unterrichtswissenschaft 34, 1, S. 70-92.

EBNER, M., MAURER, H. (2007): Blogging in Higher Education. In: Proceedings of World Conference on E-Learning in Corporate, Government, Healthcare, and Higher Education 2007. Chesapeake. S. 767-774.

EDUCAUSE LEARNING INITIATIVE (2009): 7 things you should know about ... Personal Learning Environments. http://net.educause.edu/ir/library/pdf/ELI7049.pdf (zuletzt aufgerufen am 12.04.2013)

FERREIRA, M.; VALADARES, J. (Hrsg.) (2010): Communities of Practice for Improving the Quality of Schools for All. CEMRI. Lissabon.

HEINRICH, P. (o.J.): The iPad as a tool for Education. A study of the introduction of iPads at Longfield Academy, Kent. Studie des NAACE. Online verfügbar unter: http://www.naace.co.uk/publications/longfieldipadresearch

HUFFAKER, D. (2004): The educated blogger: Using weblogs to promote literacy in the classroom. In: First Monday, Vol 9/6.

JOHNSON, L., ADAMS BECKER, S., CUMMINS, M., ESTRADA, V., FREEMAN, A., LUDGATE, H. (2013): NMC Horizon Report: 2013 Higher Education Edition. Austin (TX).

MEDIENPÄDAGOGISCHER FORSCHUNGSVERBUND SÜDWEST (Hrsg) (2012): JIM-Studie 2012. Jugend, Information, (Multi-) Media. Basisuntersuchung zum Medienumgang 12- bis 19-Jähriger. Stuttgart.

MEDIENPÄDAGOGISCHER FORSCHUNGSVERBUND SÜDWEST (Hrsg) (2010): JIM-Studie 2010. Jugend, Information, (Multi-) Media. Basisuntersuchung zum Medienumgang 12- bis 19-Jähriger. Stuttgart.

PAUS-HASEBRINK, I., WIJNEN, C. W., JADIN, T. (2010): Opportunities of Web 2.0: Potentials of learning. In: International Journal of Media and Cultural Politics, Vol. 6/1, S. 45-62.

REDECKER, C., ALA-MUTKA, K., BACIGALUPO, M., FERRARI, A., PUNIE, Y. (2009): Learning 2.0: The Impact of Web 2.0 Innovations on Education and Training in Europe. Final Report. European Commission-Joint Research Center-Institute for Prospective Technological Studies. Seville.

RINSCHEDE, G. (2007): Geographiedidaktik. Paderborn.

ROBINSON, K., ARONICA, L. (2009): The Element: How finding your passion changes everything. Viking Adult.

TWINING, P., EVANS, D., COOK, D., RALSTON, J., SELWOOD, I., JONES, A., UNDERWOOD, J., DILLON, G., SCANLON, E., HEPPELL, S., KUKULSKA-HULME, A., MCANDREW, P., SHEEHY, K. (2005): Tablet PCs in schools. Case study report. A report for Becta by the Open University. Coventry (UK).

Barbara Feulner
Nutzung und Einsatz mobiler Endgeräte in der Lehramtsausbildung
Mobiles ortsbezogenes Lernen mit Geogames

Einleitung – Anlass

Der Begriff Mobiles Lernen wird in der Literatur nicht einheitlich definiert. Im Folgenden wird es als Lernen mit digitalen und mobilen Endgeräten, z. B. Smartphones, Notebooks oder Tablet-PCs, verstanden. Durch ständig kleiner werdende, leichtere und erschwinglichere Geräte werden diese immer selbstverständlicher in den Alltag integriert. Gleichzeitig steigt die Vielfalt an Funktionen und Einsatzmöglichkeiten, vor allem durch die Verfügbarkeit mobiler Dienste und den Zugriff auf das Internet. Nutzer können jederzeit und allerorts auf Informationen, vermittelt durch klassische und neue Medienformate, und auf eine Vielzahl an Softwareanwendungen zurückgreifen, „aktiv mit ihnen umgehen oder auch Informationen selbst erstellen sowie teilen und damit Lernprozesse initiieren" (LUDE et al. 2013,S. 8).

Dadurch können außerschulische Lernorte flexibel entwickelt und ausgearbeitet werden. Potenziale des mobilen ortbezogenen Lernens liegen u. a. darin, dass vor Ort zusätzliche Informationen bereitgestellt, erarbeitet, gespeichert, geteilt oder weiterverarbeitet werden können. Smartphones und Tablet-PCs integrieren als „mediales Universalwerkzeug" (RISCH 2012, S. 262) verschiedenste Funktionen und Anwendungsmöglichkeiten, die gerade auch für geographisches Arbeiten eingesetzt werden können. GPS-Empfänger, Digitalkamera, Videokamera, Diktiergerät, Kompass, Barometer und Neigungsmesser werden in einem Gerät zusammengefasst (CHATTERJEA 2012, S. 306). All dies ist auch in einem Spielekontext möglich (s. u.).

Viele Lehrkräfte stehen dem Einsatz mobiler Endgeräte im Unterricht jedoch kritisch gegenüber. Hindernisse, die gegen die Verwendung in der Schule zu Bildungszwecken sprechen, sind vielfältig. Oft ist damit ein höherer zeitlicher Aufwand verbunden. Da es wenige fertig ausgearbeitete, an Lehrplaninhalte angepasste Unterrichtskonzepte gibt, ist die Vorbereitung meist zeitintensiv. Das eigenständige Einarbeiten in ein neues Medium ist aufwändig und setzt oft ein gewisses technisches Grundverständnis und Interesse voraus. Hinzu kommt die Abgabe von Kontrolle an ein technisches Gerät und eine daraus resultierende Abhängigkeit. Doch auch die veränderte Rolle des Lehrers durch eine „Verschiebung von Machtverhältnissen beim Zugriff auf und bei der Verteilung von Wissen" (LUCKIN et al. o. J. nach SEIPOLD 2012, S. 21) können zu einer ablehnenden Haltung führen. Ein weiteres Argument gegen den Einsatz ist, dass die kurze Handy-freie Zeit, die im Leben der Jugendlichen bleibt, nicht auch noch mit diesem Medium gefüllt werden soll. Auch soziale Gründe, wie die Ausgrenzung von Schülern, die kein Smartphone besitzen, sind zu nennen. Hohe Anschaffungskosten und ein schnelles Veralten der Technik erschweren den Einsatz von mobilen Endgeräten ebenfalls (vgl. LUDE et al. 2013, S. 10).

Doch die rasante Entwicklung der digitalen Technik bietet zugleich faszinierende Potenziale zur Bereicherung des Unterrichts. Gerade in der Geographie lassen sich mobile Endgeräte im Unterricht und auf Exkursionen sinnvoll und gewinnbringend einsetzen. Sie ermöglichen es außerdem, auf die veränderten Lerngewohnheiten der Schülerinnen und Schüler einzugehen. Besitzen doch bereits 96% der Jugendlichen ein Handy, wobei knapp jedes zweite davon ein Smartphone ist (MPFS 2012a, S. 52). Während dieser Trend bei den 12- bis 19jährigen schon seit einigen Jahren zu verzeichnen ist, wird nun schon der Besitz eines Handys im Grundschulalter zur Selbstverständlichkeit (MPFS 2012b, S. 53). Selbst wenn der Umgang mit den Alltagsfunktionen von Smartphones oft automatisch stattfindet, ist dies nicht mit vorhandener Medienkompetenz gleichzusetzen.

Für Schülerinnen und Schüler sind Kompetenzen im Umgang mit digitalen Medien (verschiedene Geräte und Anwendungen) unablässig, um sie auf ihre berufliche Zukunft vorzubereiten. Die Befähigung zum lebenslangen Lernen ist eng verknüpft mit einer ausgeprägten Medienkompetenz, die wiederum eine Grundlage für gesellschaftliche Partizipation darstellt. Daher ist es nicht verwunderlich, dass Medienkompetenz „neben Lesen, Schreiben und Rechnen als `vierte Kulturtechnik´" bezeichnet wird und „eine entscheidende Schlüsselqualifikation des 21. Jahrhunderts" (BMBF 2012) darstellt. Die Bildungsstandards im Fach Geographie für den Mittleren Schulabschluss betonen ebenfalls die zunehmende Bedeutung technikgestützter Informationsquellen (DGFG 2010, S. 19), die auch zur Gewinnung eigener Daten eingesetzt werden können.

Insgesamt ist festzustellen, „dass die aktuellen Veränderungen in gesellschaftlichen technologischen Strukturen, [...] Lernen vor neue Herausforderungen" stellt (SEIPOLD 2012, S. 23).

Dies verlangt von (zukünftigen) Lehrkräften ein hohes Maß an Medienkompetenz und reflektiertem Umgang mit digitalen Geräten. Die Erfahrung bei der Arbeit mit Studierenden zeigt, dass der Einsatz von und der Umgang mit digitalen Medien noch nicht die selbstverständlichen Automatismen erfüllen, welche man der heutigen Studentengeneration, die größtenteils bereits zu den *digital natives* zählt, im Allgemeinen zuschreibt. D. h. in Teilbereichen der Medienkompetenz bestehen noch erhebliche Defizite, die sich wohl auch auf die lange Vernachlässigung der Informationstechnologien in den Schulen zurückführen lassen. Gerade deshalb sollten Studierende dazu veranlasst werden, ihre Defizite zu kompensieren, da sonst die Gefahr besteht, dass später in der schulischen Praxis Hemmungen beim Einsatz moderner Medien bestehen. Dies gilt besonders in Anbetracht einer weiterhin rapide fortschreitenden technischen Entwicklung.

Als eine Konsequenz daraus müssen Studierende der Lehramtsstudiengänge bereits im Studium mit didaktischen Konzepten für den Einsatz von mobilen Endgeräten im Unterricht vertraut gemacht werden, um ihnen in einem angeleiteten Rahmen Funktionsweisen, Umgang und Einsatzmöglichkeiten aufzuzeigen.

Zur Veranschaulichung wird beispielhaft ein praxisorientiertes Seminar vorgestellt, welches theoretische und anwendungsbezogene Einblicke in eine neue Methode der Geographiedidaktik bietet.

Konzept und methodische Besonderheiten von Geogames

Am Beispiel sogenannter Geogames wird eine Möglichkeit für *mobile game-based learning* (mobiles, spielbasiertes Lernen) gezeigt. Entwickelt werden diese Spiele am Lehrstuhl für Angewandte Informatik in den Kultur-, Geschichts- und Geowissenschaften der Universität Bamberg. Geogames sind Spielkonzepte, die „strategische Elemente von Brettspielen mit dem sportlichen Aspekt schneller Fortbewegung kombinieren" (SCHLIEDER et al. 2006, S. 6).

Bei Geogames nutzen die Spieler GPS-fähige Smartphones oder Tablet-PCs, um mit der räumlichen Umwelt zu interagieren. Grundlage ist eine digitale Karte, auf welcher das Spielfeld zu sehen ist. Durch Lokalisierungstechnologien wird die Position der Spieler auf der Karte in Echtzeit abgebildet. Weiter zeigt das Spielgerät den Spielstand, die verbleibende Spielzeit und die zu lösenden Aufgaben an. Die Art der Aufgaben kann „wissens-, entdeckungs-, anwendungs- oder handlungsbezogen" (JAHREIß 2007, S. 40) formuliert sein.

Alle Inhalte (wie Standorte oder Aufträge) werden vom Ersteller des jeweiligen Spiels frei gestaltet. So können, je nach geographischer Leitfrage, unterschiedliche Räume erkundet werden und verschiedene Arbeitsweisen und -techniken zum Einsatz kommen. Eine besondere Stärke der Geogames liegt im ortsbezogenen Lernen. Dabei ist es wichtig, Inhalte auf die räumliche Umgebung abzustimmen und Schülerinnen und Schülern somit die Möglichkeit zu geben, sich intensiv mit dem Raum auseinander zu setzen. Die Ausarbeitung eines Spiels ist zwar zeitaufwändig, dafür kann ein fertiges Spiel beliebig oft wieder eingesetzt und je nach Bedarf angepasst werden (z. B. hinsichtlich des Schwierigkeitsgrads der Aufgaben). Eine Möglichkeit wäre es auch, im Rahmen von Projekttagen Bildungsinhalte von Schülern für Schüler erstellen zu lassen.

Gerade der Einsatz von Smartphones schafft Lernanlässe in einem veränderten Kontext. Die sonst so strikten Grenzen zwischen Schule und Alltag verschwinden und die Alltagsgewohnheiten von Jugendlichen werden in den Lernprozess integriert (SEIPOLD 2012, S. 21). Der bloße Einsatz mobiler Endgeräte wirkt daher auf die meisten Schülerinnen und Schüler bereits motivierend. Aber auch die unmittelbare Rückmeldung über den eigenen Handlungserfolg während des Spiels (z. B. wenn durch das Eingeben der richtigen Antwort die passenden Spielkarten gefunden werden können) baut Motivation auf (GEBEL 2009, S. 94). *Game-based learning* macht sich zusätzlich den Aspekt des Spielspaßes (KLIMMT 2010, S. 252) zu Nutze. Ziel ist es, dass die Handlungen im Spiel intrinsisch motiviert stattfinden, da der Spieler sich freiwillig während des Spielablaufs auf die Aufgaben einlässt (KLIMMT 2010, S. 252). Da die Auseinandersetzung mit dem Wissen eine Relevanz für den Spieler erhält, wird es einfacher, sich damit zu beschäftigen und die Inhalte zu verinnerlichen (SEITZ 2011, S. 81). Während die Phasen des expliziten Lernens den Spielverlauf möglichst wenig unterbrechen sollten, findet während des gesamten Spiels implizites Lernen statt.

Geogames zeichnen sich besonders dadurch aus, dass spielerisch kognitives Wissen vermittelt wird. Zusätzlich werden Fähigkeiten wie Medien- und Sozialkompetenz geschult. Die Teilnehmer verbessern ihre räumliche Orientierung anhand einer digitalen Karte und erarbeiten sich mit einem hohen Grad an Selbststeuerung und Lernerzentrierung Informationen an einem außerschulischen Lernort. Der spielerische Umgang mit Lerninhalten, in Kombination mit realen Anschauungsobjekten vor Ort, bietet ein großes Potenzial für nachhaltiges Lernen. Auch im Bereich des fächerübergreifenden Unterrichts eröffnen sich durch diese Methode vielfältige Möglichkeiten.

Praxisbeispiel: CityPoker in Augsburg

In der Praxis wurde das projektartig aufgebaute Seminarkonzept, welches sich mit mobilem ortsbezogenem Lernen in einem Spielkontext befasst, bereits mehrfach durchgeführt. Die von den Seminarteilnehmern erstellten Inhalte und Materialen wurden mit Schulklassen im Augsburger Textilviertel erprobt.

Viele, aus geographischer Sicht interessante Standorte sind dort fußläufig gut zu erreichen und das Gebiet ist wenig von Autos befahren. In diesem Stadtviertel wird die Industriegeschichte mit Aufschwung und Niedergang der Textilindustrie greifbar.

Anhand von historischen und aktuellen Spuren lassen sich Nutzungswandel, Umstrukturierungsmaßnahmen, Modernisierungsbestrebungen und auch persistente Strukturen entdecken (s. Abb. 1).

Abb. 1: Nutzungswandel im Textilviertel (eig. Aufn.)

In den Seminaren wurden von den Teilnehmern mehrere unterschiedliche Spielfelder erstellt. Dazu gehört das Festlegen von geeigneten Standorten, die Entwicklung von Fragen oder Aufträgen und ggf. das Erarbeiten von Zusatzmaterialien. Innerhalb des

Spiels können umfangreiche Möglichkeiten für den Einsatz der mobilen Endgeräte ausgeschöpft werden. Vielseitig anwendbar sind z. B. QR-Codes (QR steht für *quick response*). Durch das Einscannen dieser verschlüsselten Codes, die an bestimmten Orten hinterlegt werden, können Texte, Internetseiten, Filmsequenzen, Apps (= Programm auf dem mobilen Endgerät) und vieles mehr als Informationsquelle zum Einsatz kommen. Sie werden nach dem Einscannen automatisch auf dem Display angezeigt. Während des Seminars erwerben die Studierenden technisch-methodische Kompetenzen im Umgang mit QR-Codes und Google Earth, mit verschiedenen Funktionen des Smartphones oder Tablet-PCs und mit der Bedienung und den Einstellungen des Spiels.

Die praktische Erprobung mit den Schülern ist eingebettet in eine gesamte Unterrichtssequenz, welche von den Studierenden erstellt und durchgeführt wird. In dieser werden Inhalte erarbeitet und es erfolgt eine Einweisung in die Bedienung der mobilen Geräte und eine Klärung der Spielregeln.

Die Nachbereitung im Klassenzimmer erlaubt es, gesammelte Daten auszuwerten oder weiter zu verarbeiten und den Verlauf des Spiels zu reflektieren und zu evaluieren. Da die Geräte permanent die Positionen der Spieler aufzeichnen und speichern (GSP-Tracking), könnten diese Informationen in einer weiterführenden Unterrichtssequenz für eine kritische Auseinandersetzung mit dem Thema Datensicherheit und -speicherung verwendet werden.

Zur Anwendung in den Seminaren kam das Geogame CityPoker. In seiner Grundidee basiert CityPoker auf dem Kartenspiel Poker. Zu Beginn erhalten die gegnerischen Teams je ein Smartphone und ein Kartenblatt mit jeweils fünf gleichwertigen Spielkarten. Ziel des Spiels ist es, sich ein möglichst hohes Pokerblatt zu ertauschen. Dafür muss man aber kein Poker-Profi sein. Ein Informationszettel mit den Wertigkeiten der Kartenblätter (den alle Teilnehmer bekommen) reicht aus.

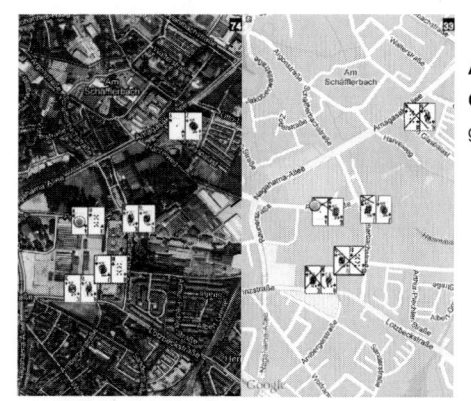

Abb. 2: Screenshots des Displays während CityPoker (Quelle: eigenes Spielfeld, Kartengrundlage Google Maps)

Die Teams orientieren sich mit Hilfe der digitalen Karte, auf welcher fünf Felder und weitere paarweise versteckte Spielkarten eingezeichnet sind (s. Abb. 2), und planen ihr strategisches Vorgehen. Um die räumliche Orientierung und das selbstständige Navigieren zu erleichtern, können die Teilnehmer zwischen der Kartenansicht und der Hybridkartenansicht wechseln (s. Abb. 2). Sobald eines der oben genannten Felder erreicht wird, öffnet sich automatisch eine geographische Frage, ein Arbeits- oder Beobachtungsauftrag auf dem Display (s. Abb. 3a). Durch das richtige Lösen oder Bearbeiten der Aufgabe erhalten die Spieler die Information, wo sich das Versteck der weiteren Spielkarten befindet. Diese Karten müssen dann wie beim Geocaching gesucht werden (s. Abb. 3b). Eine der versteckten Karten darf mit einer eigenen getauscht werden, um die Wertigkeit des Kartenblatts zu erhöhen oder um der gegnerischen Gruppe einen Zug vorweg zu nehmen. Durch die Eingabe einer PIN (welche auf den Karten steht) in das Smartphone oder den Tablet-PC (s. Abb. 3c) wird die gegnerische Gruppe in Echtzeit über den Vorgang informiert und kann entsprechend ihrer Strategie darauf regieren. Wird der Arbeitsauftrag falsch bearbeitet, so werden der Gruppe auch falsche Koordinaten für das Versteck der Spielkarten übermittelt. Wenn die Spieler dort keine Karten finden, können sie die Frage erneut beantworten. Allerdings ist dies mit einem Zeitverlust verbunden, der den Spielverlauf der Gruppe negativ beeinflussen kann. Dies erhöht die Motivation, die Aufgaben richtig und konzentriert zu bearbeiten. Außerdem steigert die unmittelbare Rückmeldung des Geräts die Interaktivität des Lernprozesses. An jedem Standort kann nur einmal eine Karte getauscht werden. Auf dem Spielfeld sind bereits bearbeitete Felder dadurch gekennzeichnet, dass sie durchgestrichen sind (s. Abb. 3).

Wie sich bereits gezeigt hat, sind Schülerinnen und Schüler nach kurzer Einweisung in den Spielverlauf und die Handhabung des Geräts sehr schnell in der Lage, aktiv tätig zu werden.

Abb. 3a-c: Eindrücke aus dem Spiel CityPoker (eig. Aufn.)

Fazit

Das Konzept Mobiles Lernen weckt zugleich viele Hoffnungen und Befürchtungen. Wie bereits bei der Integration von „neuen bzw. digitalen Medien in Form von Computer und Internet und entsprechender Softwareanwendungen in schulische Lehr- und Lernprozesse ist [damit] häufig die Erwartung verbunden, dass sich der Unterricht im Kern verbessere – sei es in Form einer Steigerung des jeweiligen Lernerfolgs, der Lernmotivation und/oder der sozialen Kompetenzen der Schülerinnen und Schüler" (MAYRBERGER 2007, S. 11). Inwieweit die Einbindung digitaler Medien in das Unterrichtsgeschehen den zeitlichen, finanziellen und organisatorischen Aufwand rechtfertigt und welche tatsächlichen positiven Auswirkungen auf den Lernprozess damit einhergehen, wird auch weiterhin diskutiert werden. Der Einsatz aus reinem Selbstzweck führt mit Sicherheit nicht automatisch zu einer positiven Veränderung von Unterricht.

Wie bei jeder anderen Methode auch sind Nutzen, Einsetzbarkeit und Mehrwert im Vergleich zu anderen Methoden abhängig vom didaktischen Konzept, der Durchführung, entsprechend angepassten Lehr- und Lernumgebungen und vielen anderen Einflussfaktoren. Die Frage sollte also nicht lauten, ob der Einsatz mobiler Endgeräte sinnvoll ist, sondern wie Lernumgebungen gestaltet werden können, um einen Mehrwert zu erzeugen. Durch die Erprobung in praxisnahen Seminaren können alle Teilnehmer diesbezüglich Erfahrungen sammeln.

Literatur:

BMBF - BUNDESMINISTERIUM FÜR BILDUNG UND FORSCHUNG (2012): Digitale Medien in der Bildung. http://www.bmbf.de/de/16684.php (zuletzt abgerufen am 24.04.2013).

CHATTERJEA, K. (2012): Use of Mobile Devices for Spatially-Cognizant and Collaborative Fieldwork in Geography. http://www.rigeo.org/vol2no3/RIGEO-V2-N3-3.pdf (zuletzt aufgerufen am 25.04.2013).

DGFG – DEUTSCHE GESELLSCHAFT FÜR GEOGRAPHIE (Hrsg.) (2010): Bildungsstandards im Fach Geographie für den Mittleren Schulabschluss. Berlin.

GEBEL, C. (2009): Lernen und Kompetenzerwerb mit Computerspielen. In: BEVC, T., ZAPF, H. (Hrsg.): Wie wir spielen was wir werden. Computerspiele in unserer Gesellschaft. Konstanz, S. 77-94.

JAHREIß, A. (2007): Geogames im Geographieunterricht. Geographische Bildung im Zeitalter von „HandyKids". In: Geographie und Schule 166, S. 37-42.

KLIMMT, C. (2010): Computerspiele als Bildungswerkzeug: Spielspaß, Game-Based-Learning und „das medienfeindliche Bewusstsein der Pädagogen". In: BAUER, P., HOFFMANN, H., MAYRBERGER, K. (Hrsg.): Fokus Medienpädagogik – Aktuelle Forschungs- und Handlungsfelder. München, S. 248-261.

MPFS – MEDIENPÄDAGOGISCHER FORSCHUNGSVERBUND SÜDWEST (Hrsg.) (2012a): JIM-Studie 2012. Jugend, Information, (Multi-) Media. Stuttgart.

MPFS – MEDIENPÄDAGOGISCHER FORSCHUNGSVERBUND SÜDWEST(Hrsg.) (2012b): KIM-Studie 2012. Kinder + Medien, Computer + Internet. Stuttgart.

LUCKIN, R., CLARK, W., GARNETT, F., WHITWORTH, A., AKASS, J., COOK, J., DAY, P., ECCLESFIELD, N., HAMILTON, T., ROBERTSON, J. (o.J.): Learner Generated Contexts: a framework to support the effective use of technology to support learning. http://knowledgeillusion.files.wordpress.com/2012/03/bookchapterluckin2009learnergeneratedcontexts.pdf (zuletzt aufgerufen am 25.04.2013).

LUDE, A., SCHAAL, S., BULLINGER, M., BLECK, S. (2013): Mobiles, ortsbezogenes Lernen in der Umweltbildung und Bildung für nachhaltige Entwicklung. Hohengehren.

MAYRBERGER, K. (2007): Verändertes Lernen mit neuen Medien? – Strukturanalyse gemeinschaftlicher Interaktionen in einer computerunterstützten Lernumgebung in der Grundschule. Hamburg.

RISCH, M. (2012): MyMobile – Mobiles Lernen mit dem Handy: Herausforderung und Chance für den Unterricht oder das Smartphone als „digitales Schweizer Taschenmesser" verstehen. In: APOSTOLOPOULOS, N., MUßMANN, U., COY, W., SCHWILL, A. (Hrsg.): Grundfragen Multimedialen Lehrens und Lernens. Von der Innovation zur Nachhaltigkeit. Münster, S. 261–274.

SCHLIEDER, C., KIEFER, P., MATYAS, S. (2006): Geogames - Ortsbezogene Spiele als neue Form des Edutainment. In: Zeitschrift für interaktive und kooperative Medien 3, S. 5-12.

SEIPOLD, J. (2012): Mobiles Lernen. Analyse des Wissenschaftsprozesses der britischen und deutschsprachigen medienpädagogischen und erziehungswissenschaftlichen Mobile-Learning-Diskussion. https://kobra.bibliothek.uni-kassel.de/bitstream/urn:nbn:de:hebis:34-2012121242324/3/DissertationJudithSeipold.pdf (zuletzt aufgerufen am 25.04.2013).

SEITZ, D.(2011): Mobile Spielformen und soziale Netzwerkgemeinschaften. In: WINTER, A. (Hrsg.): Spielen und Erleben mit digitalen Medien. Pädagogische Konzepte und praktische Anleitungen. München, S. 62-81.

Alexandra Budke, Fisun Aksit, Miriam Kukuck
Connecting specialist, methodical, didactic and intercultural knowledge on geographic field trips in teacher training
The example of an exchange field trip to Turkey

1 Introduction

Students of geography teacher training programs usually receive training in the respective geographic sub-disciplines. As a rule, specialist courses on human and physical geography respectively are taught separately from courses focused on methodical and didactic training. This structure is related to the growing specialization of geographers in different fields of geography that started in the 19th century. The respective theoretical bases and their specific concept systems have become increasingly differentiated. They actually developed away from each other to such an extent that the possibility of cooperation projects between physical and human geography appear to be very unlikely. In fact, even nowadays geographic research seldom brings together physical geography, human geography and geography teaching theory. Moreover, contrary to former times in which professors usually held chairs in geography, nowadays scientific personnel at universities is only specialized in and qualified for one of the fields mentioned earlier. The departments for physical geography, human geography and geographical methods (e.g. GIS) are often organized separately. In addition, the in depth analysis and perception of neighboring domains in geography (e.g. through citations) scarcely takes place. Therefore, the typical structure of geography teacher training programs can be explained according to the subject's history, scientific theory, politics and organization. This structure guarantees that each domain's specific theories, models and working methods are taught by qualified scientific staff in the course of the studies.

However, the fact that geography class curricula demand the integrated studying of physical and human geography topics needs to be taken into consideration. This includes the studying of working methods central to geography which need to be didactically processed. Therefore, the question arises as to what extent the usual way of teaching university students the sub-disciplines of geography separately represents the optimal preparation for daily teaching in schools. The current system not only reveals weaknesses with regard to the acquisition of necessary teaching competences, but there are also problems that already show during teacher training as will be shortly depicted below:

With regard to the specialist content courses (physical, human and regional geography) it can be said that students often lack the understanding for the scientific way of comprehension which led to the creation of the subject's contents. This lack of understanding results from the fact that the methods of knowledge acquisition for the content are not imparted with the content. Furthermore, the relevance of specialist content for geography classes is often not recognized as few relationships are established. In addition, the acquisition of knowledge is often reduced to purely cognitive, and, therefore, not very sustainable knowledge. This kind of knowledge is only loosely connected to the personal experiences and sensations of the students.

Similar findings appear with regard to specialist methods courses (physical geographical, human geographical and GIS). Students only learn these methods to a very limited extent, therefore, leaving them with little practical experience of their usage. Additionally, students often do not realize the relevance of specialist methods for geography classes as their didactical relevance is not dealt with.

Finally, deficits also show in didactic courses. In this regard, students often complain about the lack of practical orientation in these courses where didactic theories, models and methods are only discusses on a theoretical level. Lesson planning projects often lack evaluation through pupils and the students, therefore, do not receive direct feedback about the success of their planning. Like most topics in didactics, intercultural learning is only treated on a theoretical level. As a result, the intercultural competences of the teaching students themselves are neither discussed nor developed further.

Thus, teaching the sub-areas of geography separately could lead to a situation in which the students do not fully recognize the importance of the respective areas.

2 The concept of the exchange field trip

Parting from the deficits described above we conceived a course that made it possible for the students to deepen and increase their specialist, methodical, didactic and intercultural competences and knowledge. For this purpose we conducted a field trip that was split into a week in Kayseri (Turkey) and a week in Cologne (Germany). The students were hosted by students from the respective exchange universities.

In terms of content we chose city tourism as our topic and compared the two cities. We hereby respectively focused on the typical actors and effects of the phenomenon. The participating students were expected to process the topic city tourism didactically according to current didactic approaches to field trips (BUDKE 2009). In order to realize an up-to-date participant-centered, problem- and active-learning orientation, concepts that allowed the students to actively participate in the process of knowledge creation had to be developed. In this regard, the focus on typically tourism-geographic methods for data collection was intensified. Additionally, through this the students' abilities to make use of scientific research methods and reflect critically were expected to increase.

As a final aim we also wanted to strengthen the students' intercultural competence through the reflection of one's own cultural perspective and expectation in the evaluation process of the collected data. Furthermore, the observations made in an unfamiliar environment and the resulting interpretations were also expected to contribute to the scientific discourse.

Outline of the field trip
In a first phase, students participated in a preparatory seminar before the field trip took place. This seminar was obligatory for students who wanted to attend the field trip. Initially, the focus was on city tourism and excursion didactics. In order to get a common basis for further activities, the students were introduced to theories as well as to the current scientific status.

In a subsequent project the students planned one-day field trips in small groups within Germany. Not only did this seminar result in different perspectives on the topic city tourism (event tourism, fair tourism, religious tourism, River of Rheine-tourism and cultural tourism), but it also included a great variety of methods (tracking, observation, interviews, counting, photography etc.).

The German group started with a trip to Kayseri/Turkey. The group visited tourist destinations and discussed their importance for the city. In the following week, the field trip took place in Cologne and the Ruhr area. Impressions, thoughts, and observations were reflected on a daily basis. These phases of review were used to discuss the daily findings, to evaluate the methods, and exchange intercultural experiences. At both stops, Kayseri and Cologne, small groups prepared presentations on different research questions and presented them to the whole group at the end of the week. In addition, a photo and video documentation was created after the excursion.

3 Results

This study demonstrates that the majority of students perceive these fieldworks as highly valuable. Overall findings show no difference between male and female, German and Turkish respondents in their value of fieldwork.

To explore the perceptions of the students towards fieldwork they were asked 14 open end questions to present the connection of subject-specific, methodological, didactic and intercultural learning outcomes after taking part in the learning tasks. Therefore, students' learning outcomes have been categorized in four dimensions; in terms of human geography content, didactical and intercultural learning.

Human Geography content Dimension
Fieldwork provides unique learning opportunities, particularly, for examining and comprehending the complexity of geographical problems in a way that would be difficult to simulate in the classroom environment. STODDART, ADAMS (2004) suggest that the field reveals the complexity of geographical problems, but that in the field this complexity then becomes amenable to comprehension. The study of FULLER (2006) supports the notion that fieldwork enhances student learning by improving the students' understanding of the subject. When student were asked about what new things they had learned during the fieldwork, most of the students stated that they gained new perspective with regard to tourism. Through the field trip the students had a chance to observe two different kinds of city tourism. One of the Turkish stu-

dents stated that in his own words: „The fieldwork made me look at Kayseri from a different perspective after this project." Furthermore, during the Kayseri fieldwork students from Kayseri often expressed that this fieldwork gave new meaning to known places as it gave them a chance to look at their own city as a foreigner. Some of the students even expressed that they had never been to these places before, despite living in Kayseri. From the fieldwork these students learned a valuable lesson about how the local environment can be used as a teaching tool. Additionally, some participants stated that they had some interesting insights in the tourism and the behavior of tourists in Kayseri and Cologne.

One student said: „In the area of human geography I could deepen my knowledge with respect to tourism. It became clear to me that tourism offers many facets and different points of emphasis. Tourism in Germany is more concerned with the maximization of economic gain, while tourism in Turkey rather focuses on the preservation of cultural sites and traditions."

This international fieldwork offered the students a distinct opportunity to test what they had learned in the classroom as they examined how key concepts underlying their discipline can be witnessed in the field. The fieldwork was a vehicle for integrating theoretical and practical concepts. By connecting classroom instruction with real-world problem solving, fieldwork encourages critical insights into the inadequacies of textbook-based views of the world through sorting, classifying and ultimately demystifying textbook-derived knowledge (MCEWEN 1996).

Methods Dimension

During the field trip multiple human geographic working methods were used, e.g. qualitative and quantitative questionnaires and surveys, group discussions, structured observations and tracking.

Fieldwork facilitates basic proficiency in field observation and analysis, which contributes to the development of 'look and think' skills to solve geographical problems successfully (HAIGH, GOLD 1993). Students are provided with an opportunity to learn specialist research methods and techniques (KENT et al. 1997). This fieldwork provided an opportunity for student teachers to develop skills in the design, implementation and presentation of a field research project. It was also considered central to understanding 'other' and 'place' and as a means of relating theory to practice (WALL, SPEAKE 2012). In addition fieldwork stimulates interest through direct observation of patterns, connections and adaptations of human-environment relationships. In turn, this active learning generates greater retention of knowledge (TUETH, WIKLE 2000; ROBSON 2002).

When the students were asked the following question „What new things did you learn during the fieldwork?", most of the students stated that they learned new methods and how to apply them. Some of the students' statements were: „I learned to transfer the theoretical knowledge into practice, to enhance learning and have more permanent knowledge and have emotional/affective as well as cognitive goals", „I learned a lot about how to organize fieldwork, about which problems can appear, and how to manage and avoid these difficulties", „I would like to make such a project in the future with my own students", „I personally had the opportunity to make interesting observations".

Similarly, HOPE's (2009) study on the relationship between fieldwork and student learning suggests that fieldwork provides a number of pedagogical benefits. Amongst these is the claim that it can usefully enhance the causal link between the student's affective response (emotions, feelings and values) and deep learning. This fieldwork was an appropriate setting for both learning about research techniques and practically applying them. Furthermore, it also provided opportunities for problem-based learning. Therefore, it was ideal for learning by doing as opposed to observational learning.

To the follow up questions, „How did you make decisions/evaluate your work and your presentation during the project?" and „How was it like to be working in a group?", the students gave some of the following answers: „During the project, evaluations were made every day in groups (peer discussions). Some students stated that 'it was fun to work with a group' and some of them found it difficult because 'some of the partners were dominant and feisty, so sometimes it caused problems, but it also provided the opportunity to see different points of view'. One of the student stated that 'it was a stressful situation to be around 18 people constantly, but that way I discovered my own boundaries. In fact, group work is always advantageous, because we can make use of the expertise of other individuals'".

Working with peers in a study group has many advantages. When students work in groups, they have the opportunity to explain concepts, discuss ideas, disagree with one another and reason through why one person's answer is different from another's. It also allows students the opportunity to see how other students grapple with concepts and what strategies they use in the attempt to make meaning of the material. In addition, being able to articulate a concept to another student often requires a fuller understanding of that concept. Each group member has something different to offer to the study group, whether it is the ability to organize well, take notes effectively, stay on task, or create effective test questions. This way it is often easier to work through a complicated problem. Each student may understand different aspects of the problem and may be able to help the other group members see different ways of approaching and solving the problem.

Didactical Dimension

All participants of the field trip want to work as geography teachers in Turkey or Germany after finishing their studies. In order to strengthen their didactic competences, the students were involved in the planning of the field trip. Parting from concepts of field trip didactics, didactic concepts and materials were developed for each day of the field trip. During the field trip the students then were in charge of their respective areas and received feedback on the success of their didactic concept through evaluation methods. This way the didactic abilities of the students with regard to planning, conducting and evaluating a geographical field trip could be crucially improved.

Teacher professional development is essential to incorporating fieldwork into geography education through in-service and teacher preparation programs. Furthermore, teachers teach best from their own first-hand experiences. Thus, professional development programs should incorporate a variety of learning activities, including authentic field-based experiences (ALMQUIST et al., 2011).

In addition, fieldwork facilitates personal growth and development for undergraduate students. Collaborative field activities and problem-solving emphasize leadership, teamwork, interpersonal dynamics, cooperative resolution and communication (LIVINGSTONE et al., 1998; TUETH, WIKLE 2000; HEFFERAN et al. 2002). Fieldwork is only one area of delivery which needs to be considered, if skills such as oral communication and group work are to be developed (JENKINS, PEPPER 1988 cited in McEVEN 1996). In other instances, field courses encourage students to take responsibility for their own learning (PAWSON, TEATHER 2002), which in turn fosters increased self-confidence by taking risks and independent pathways through learning. Self-confidence is further facilitated through field mentoring whereby social barriers between students and faculty are broken down and one on one contact with the instructor becomes an important learning medium (HOVORKO, WOLF 2009).

Cultural Dimension

The study of ZAMASTIL-VONDROVA (2005), which focuses on faculty-led international field courses, also suggests the rich academic value of this type of studying for geography majors, confirming that students come away from these courses with a better understanding of and a more positive attitude toward cultural differences. Such experiences help students become reflective of their own strengths and weaknesses, encourage their self-confidence, and increase their artistic and linguistic awareness. A comprehensive review of geographic fieldwork summarized recurring personal benefits to students including the development of their general social skills and a greater dedication to the concept of lifelong learning (FULLER et al. 2006). Also essential to personal growth, HIGGITT (1996), as a result from an international field study (MULLENS et al. 2012), identified consistent expansion and deepening of students' worldview perspectives and enhanced empathy towards others.

To the question „What was the most important, fun, beneficial, challenging part of the fieldwork?" the students answered that it was the recognition of different cultures, people, countries and observing family lives. One of the German students stated: „It was beneficial for me to live in a Turkish family because I could see things that would not have been possible if I had come as a normal visitor from outside."

The answers to the next question, „What did you learn from other groups?", emphasized on the cultural experience: „I learned about cultural differences, religious differences, I learned much about respecting other people and other cultures", „I learned from other groups to be open, to be spontaneous in things concerning the planning" and „The presentation at the end of the week in Turkey has shown how different the results of the groups can be, even though they all had the same task. This showed me that there are varieties of solutions to a question. In my opinion, all students are very similar. The open attitude, interest in other cultures and people is a trait that distinguished the Turkish students."

When we asked the students if they could describe the international collaboration during the fieldwork, one of the students stated: „First I was so scared and thought it would be hard to get used to it, but when we entered into a co-operation it was very enjoyable." „The Project was completely based on co-operation" and „This international co-operation depends on tolerance. Difficulties (about language) are solved in this friendly co-operative environment."

„For me personally, the extra benefits that I have gained from the cooperation with the Turkish students lie in the fact that my cultural awareness and my tolerance have expanded and changed. I only knew Turkey from visits to the salient tourist areas of the Mediterranean. The one-week stay in the family of my partner helped me to see Turkey from a different perspective, not as a tourist." Fieldwork can act as an important vehicle for transferable skill development such as tolerance and respect for others, other cultures. Here are some examples: One of the Turkish students stated that „It was an opportunity to go abroad for the first time and a chance to see different places ... I believe that I took advantage of this experience to perform Comenius project in the future." One of the German students said: „I think both groups have learned much about their own culture and the culture of the others."

Besides, the students expressed that their prejudices towards each other have changed. Some examples of what the students said: „I was surprised how friendly and hospitable the Turkish people are", „My thoughts about the Germans have been changed", „I saw large differences in terms of education, training and culture, I learned how to deal with these differences working with a group", „With regard to culture I learned a lot about what the German and the Turkish culture have in common. It helped me to form my own picture of Turkey".

After the fieldwork, the students were significantly more positive in their attitudes as for „having more tolerance" and „learning much about one's own culture and the culture of the others". The most important achievements of this project lie in improving cross-cultural understanding and tolerance towards differences, in other words deepening the understanding of the other.

4 Review of the project – Advantages and disadvantages

Exchange field trips between two very different countries offer a new range of advantages and disadvantages apart from the usual potentials and challenges. One of the greatest advantages is the combination of content, didactics, methodology and intercultural learning. This combination is particularly important in the context of teacher training at universities. Instead of experiencing the individual components only theoretically and separately, students get to know the different areas and in how far they coincide and converge. By taking a thematic priority (city tourism in this case) into account, students have the possibility to get a better understanding of the topic. Different areas of city tourism can be addressed: religious aspects, ecological aspects or event tourism for example. Furthermore, city tourism can be observed at several places. The change of perspective enables students to reflect on their own position. Students also experience the different perspectives of other participants. Field trips make students reflect upon their preconceived expectations of city tourism. In the mind of German students, postcards, stalls etc. are typical features of touristic places. But in Turkey we experienced something very different. Historically important places were not signposted, there were no stalls and no drinks were sold. There were no event tourists. Surprises and unfulfilled cultural expectations were often used as starting points for specialist reflections. On a methodological level students had the opportunity to get to know different techniques. Interviewing played an important role. With the help of the Turkish students it was possible to talk to locals of Kayseri. The Turkish students also organized the connection to and contact with local agents. Interviews turned out to be the most successful technique of questioning. Observation and tracking were also important to examine the behavior of tourists within this area. The German students were split into small groups and each group organized one day activities for the field trip. Thus, they trained their didactic skills and abilities. In the process of planning the students worked autonomously and independently. The exchange with the foreign students from Turkey was something special about this field trip. Through the exchange with another country, advantages arose, which students would not have experienced on overview-trips or other work-trips. Cross-cultural learning was another important aspect of this field trip. The exchange among students led to the reduction of barriers. During the two weeks of the field trip the students lived and worked closely together, which helped to redefine their prejudices, fears and attitudes. The German students were each accommodated in a family of a Turkish student and vice versa, so both sides gained insights into the life of the foreign partner student. The Turkish students, who left their country for the very first time in their life, lived in a shared-apartment, which is common among German students and thus gained insights into the German way of life. The German students for their part were accommodated in Turkish families, and thus participated in Turkish family life. One more advantage of this kind of field trip is the little cost for the students. Because of the mutual accommodation, they only had to pay for the flights. Additionally a group only has to work on a schedule for one week. This way the amount of work prior to the excursion is considerably reduced. Moreover the students get a direct feedback of their self-developed programs. In contrast to theoretical analyses in university class rooms, students directly experience which of their steps are successful, what about their planning did not work out and which activities the other students especially liked. The students from Cologne found the speech barrier the most difficult problem. The common language was English, in which, unfortunately, not all participants were equally proficient. Because of the many translations back and forth between German, Turkish and English the technical level suffered. Discussions could only take place on a very basic level. Furthermore, it has to be considered that the students had very different states of knowledge, which again requires a lot of coordination beforehand.

5 Conclusions

The purpose of this article has been to assess fieldwork methods from the perspectives of students. The implication of this research is quite clear, fieldwork in geography is successful in stimulating effective approaches to learning, regardless of age, gender, social background or different countries. Furthermore, fieldwork appears to be a powerful tool for social integration, boosting students' confidence in working with their peers and developing skills that are transferable beyond the fieldwork. Such integration may well play a role in student retention (SALTER 2001). Overall, this research indicates that fieldwork is an academically valuable learning method and these feelings have been strengthened during the field experience. Furthermore, students enjoyed the fieldwork. Our research suggests that such affective responses will lead to higher motivation, deeper approaches to learning and effectiveness in achieving learning outcomes.

The study has demonstrated that field courses are an important mechanism for developing subject knowledge and understanding and many of the skills detailed in Geography. The study has also shown the key role that fieldwork has in achieving student social integration. The challenge for educators in the higher education will be to provide experiences for students, developed from models including the ones discussed here. That way range of cultures will be engaged in multicultural research projects to facilitate the expertise in graduates that will be needed for a sustainable and multicultural future Europe.

Acknowledgements

The authors would like to thank Erciyes University Scientific Research Unit for the funding upon which some of this work was based. The authors thank the student teachers who took part in this project.

References

ALMQUIST, H., STANLEY, G., BLANK, L., HENDRIX, M., ROSENBLATT, M., HANFLING, S., CREWS, J. (2011): An integrated field-based approach to building teachers' geoscience skills. Journal of Geoscience Education 59, p. 31–40.

BUDKE, A., WIENECKE, M. (Hrsg.) (2009): Exkursion selbst gemacht. Innovative Exkursionsmethoden für den Geographieunterricht. Praxis Kultur- und Sozialgeographie, Bd. 47. Potsdam.

FULLER, I. C. (2006): What is the value of fieldwork? Answers from New Zealand using two contrasting undergraduate physical geography field trips. New Zealand Geographer 62, p. 215–220.

FULLER, I.C., EDMONDSON, S., FRANCE, D., HIGGITT, D., RATINEN, I. (2006): International perspectives on the effectiveness of geography fieldwork for learning. Journal of Geography in Higher Education, Vol. 30, 1, p. 89-101.

HIGGITT, M. (1996): Addressing the new agenda for fieldwork in higher education. Journal of Geography in Higher Education, 20, 3, p. 391-398.

HOPE, M. (2009): The importance of direct experience: A philosophical defense of fieldwork in human Geography. Journal of Geography in Higher Education, 33, 2, p. 169-182.

JENKINS, A. (1994): Thirteen ways of doing field work with large classes/more students. Journal of Geography in Higher Education, 18, 2, p. 143-154.

KENT, M., GILBERTSON, D., HUNT, O. C. (1997): Fieldwork in geography teaching: A critical review of the literature and approaches. Journal Of Geography in Higher Education, 21, 3, p. 313-332.

MCEWEN, L. (1996): Fieldwork in the undergraduate geography program: challenges and changes. Journal of Geography in Higher Education, 20, 3, p. 379-384.

MULLENS, J. B., BRISTOW, R. S., CUPER, P. (2012): Examining trends in international study: A survey of faculty-led field courses within American departments of Geography. Journal of Geography in Higher Education, 36, 2, p. 223-237.

PAWSON, E., TEATHER, E. K. (2002): Geographical expeditions: assessing the benefits of a student-driven fieldwork method. Journal of Geography in Higher Education, 26, 3, p. 275–289.

WALL, G. P., SPEAKE, (2012): European Geography higher education fieldwork and the skills agenda. Journal of Geography in Higher Education, 36, 3, p. 421-435.

Antje Schneider
Vom Wert der geographischen Frage
Erfahrungen aus einem Studienprojekt auf Sylt

Gegenstand der Ausführungen sind die Erfahrungen aus einem Studienprojekt auf Sylt. Das Projekt haben wir am Lehrstuhl für Geographiedidaktik in Jena initiiert und gemeinsam mit zehn Lehramtsstudierenden im vergangenen Sommer durchgeführt. Wir sind nach Sylt gereist, um vor Ort Forschungsfragen zu kreieren; genau genommen sollte jeder Teilnehmer ein eigenes humangeographisch inspiriertes Forschungsprojekt entwickeln. Für dieses Projekt haben wir uns fachtheoretisch ausgerüstet; wir haben im Vorfeld an einer Figur des geographischen Feldforschers gearbeitet. Was den Gegenstand Sylt betrifft, haben wir uns alles offen gehalten; lediglich unsere Vorurteile haben wir sondiert und sonst sind wir davon ausgegangen, dass wir vor Ort ganz viel Neues in Erfahrung bringen. Voraussetzung dafür war, sich bereit zu halten, die eigenen Fragen zu stellen.

Im Folgenden möchte ich klären, welche philosophischen Einsichten uns bewogen haben, die Frage und das Fragen ins Zentrum eines Studienprojektes zu stellen. Dazu werden kategoriale Pointen einer Idee forschenden Lernens präsentiert und empirisch illustriert (vgl. DICKEL, SCHNEIDER 2013). Die Argumentation wird in fünf Schritten entfaltet.

1 Standpunkt

Vorab gilt es, den theoretischen Standpunkt zu markieren, von dem aus die Argumentation entworfen wird. In Jena bemühen wir uns um die philosophische Grundlegung der Frage: „Was ist und wie vollzieht sich geographische Vermittlung und Bildung?" Wir gehen davon aus, dass Bildung und Forschung untrennbar miteinander verknüpft sind, dass individuelle Bildungsprozesse immer an eine forschende Haltung gebunden sind; gemeint ist eine Haltung, die bereit ist, Spuren und Fragen zu entdecken und systematisch zu verfolgen. Das, worauf es im Bildungsprozess ankommt, ist nach unserer Auffassung die hermeneutische Erfahrung (vgl. GADAMER 2010, S. 352ff.). Wenn wir uns also auf den Weg machen zu einem Studienprojekt, dann mit dem Anspruch, vor Ort hermeneutische Situationen aufzuspüren und zu klären. In den Worten Gadamers formuliert, geht es uns um jenes, „was in aller menschlichen Weltorientierung als das ‚atopon', das Seltsame begegnet, das sich in den gewohnten Erwartungsordnungen der Erfahrung nirgends unterbringen lässt" (GADAMER zit. in LANG 2000, S. 100). Folglich ist es der Drang, dieses Unverständliche zu verstehen, der eine Forschungsbewegung initiiert und somit Bildungsprozesse stimuliert.

Angehenden Lehrern im Feld der Geographie eröffnet sich mit diesem Projekt die Möglichkeit, Erfahrungen zu machen, die so etwas wie eine forschende geographische Haltung etablieren. Diese geographische Haltung ist alles andere als selbstverständlich; sie muss in kleinen Schritten, in vielen Situationen und an verschiedenen Gegenständen selbstreflexiv, kritisch und im Dialog erarbeitet werden. Das Projekt ist also für den angehenden Geographielehrer ein weiterer Schritt, sich in seinem geographischen Selbst zu bilden. Dies wiederum ist elementare Voraussetzung, um geographische Bildungsprozesse zukünftig auch bei anderen anzuleiten.

2 Von der Frage

Ausschlaggebend ist die Idee eines Subjekts, das hermeneutisch bemüht ist. Daraus kann ein forschender geographischer Habitus abgeleitet werden, der darauf ausgerichtet ist, Fragen zu stellen. In unserem Projekt gehen wir also vom Primat der Frage (vor der Antwort) aus; dies ist erst einmal nichts Neues. Maßgeblich für uns ist dabei jedoch der Vorrang der echten Frage, also einer, die tatsächlich ins Offene einer Sache vorstößt (vgl. GADAMER 2010, S. 368ff.). Nun, wie kommt uns eine solche Frage? Entgegen landläufiger Meinung ist das Fragen sehr viel schwerer als das Antworten; es gibt keine Methodik, die Kunst des Fragens anzuleiten; auch die Annahme, dass man als Lernender bereits eine Frage hat, ist nicht zutreffend. Fragen kommen zu uns wie ein Einfall, aber auch nicht ganz unvorbereitet; sie sind weder zufällig noch beliebig. Vielmehr brechen sie ein „in die geebnete Breite der verbreiteten Meinung" (GADAMER 2010, S. 372) oder anders formuliert: sie brechen ein in die Logik eines sozialen Feldes oder noch einmal anders: sie entwickeln sich an den Grenzen bestimmter Seh- und Kommunikationsweisen. Nun ist der Einfall noch nicht die Frage an sich. Der Einfall hat eher die Gestalt einer Spur; die Spur ist der äußere Anlass, der zur Frage anstößt.

3 Über Spuren

Es lohnt sich somit, etwas genauer zu klären, was es mit der Spur auf sich hat. Dazu empfiehlt es sich, die Geschichte der Spurensuche eines Teilnehmers erzählen: „Es ist der erste Forschungstag auf Sylt; Christian überlegt, wie er den Einstieg ins Feld gestalten soll. Er entscheidet sich, die Insel allein mit dem Fahrrad zu erkunden. Anbei hat er sein Forschungstagebuch und den Auftrag, alles, was ihn aufmerken lässt, zu notieren. Abends im Seminar berichtet er der Gruppe von seinen Erlebnissen: In Hörnum hat er einen Angelshop besucht; danach war er am Strand und hat mit Rettungsschwimmern geplaudert; dann radelte er weiter bis zur Sansibar – einem In-Lokal auf Sylt; dort habe er die Automarken studiert und geschmunzelt; sein Tagesziel war Westerland, dort hat er einen Friedhof entdeckt, einen Ort, an dem ertrunkene Seeleute begraben sind; er erzählt uns noch etwas von einer Riesenglocke in Rantum und den Tiroler Stuben, die ihm auf Sylt etwas sonderbar erschienen …."

An dieser Stelle entsteht die Frage, was sich bei all den Beobachtungen zur lohnenden Spur auswachsen könnte. Bevor diese Frage beantwortet wird, muss zuvor noch geklärt werden, was wir als Geographen bisher unter einer Spur verstehen und wie man ihren Sinn erschließen kann. In der Geographie sind Spurenkonzepte nichts

Neues. Gerhard HARD hat seinerzeit einen umfassenden Entwurf zur Theorie der Spur vorgelegt; im Kern entwickelt er eine semiotische Idee der Spur, d.h. Spuren gelten als Zeichen für etwas, das sich dem Spurenleser auf den ersten Blick entzieht; etwas, das noch nicht ganz verstanden ist. Spurenlesen meint dann eine epistemische Praxis, die auf das Rekonstruieren und Neukodieren der Spur abstellt. Der Sinn der Spur erschließt sich letztlich durch kluge Ermittlungskunst, die das Abwesende hinter der Spur sichtbar macht (vgl. HARD 1995).

Von einer solchen Einsicht geht auch unsere Projektarbeit aus. Allerdings muten wir dort dem klassischen Spurenparadigma kleinere Akzentverschiebungen zu. Dazu macht es Sinn, sich die Fragen zu vergegenwärtigen, was eigentlich passiert, wenn eine Spur entdeckt wird und worauf die Spur verweist. Dazu wird der Fall weiter erzählt: Wir sitzen also im Seminar und kommen über die Erlebnisse von Christian ins Gespräch; es entstehen Nachfragen, z.B., was er glaubt, wie er in Westerland auf den ‚Friedhof der Heimatlosen' gekommen ist? ‚Einfach nur so', antwortete er ‚Ich wollte da gar nicht hin und überhaupt, ich bin so ein fröhlicher Mensch. Ich werde mich doch die nächsten Tage nicht mit Friedhöfen beschäftigen.' Wir lassen dies zunächst so stehen. Am zweiten Forschungstag nimmt er seine Erkundungstour wieder auf. Am Abend berichtet er uns, dass er so überrascht wäre; darüber, dass er in Westerland noch einmal am Friedhof war; er habe dort eine lange Weile zugebracht, den Ort und die Leute beobachtet. Warum er dies getan habe, wisse er nicht, in der Erwartung, dass wir ihm schon helfen werden, sagte er: ‚Ich habe keine Ahnung, aber dieser Ort ist meine Spur.'

Der Spurensucher bedeutet das als Spur, was bei ihm Aufmerksamkeit hervorgerufen hat – hier ein Friedhof für gestrandete Seeleute. Christian sagt ‚Das ist meine Spur'. In diesem Moment bringt der Spurensucher die Spur zwar selbst hervor; die Logik dabei ist jedoch, dass man so tut, als wäre sie die Hinterlassenschaft eines anderen: In den Worten der Medientheoretikerin Sybille KRÄMER heißt das: „Der Spurenleser verhält sich als Adressat von etwas, dessen Absender er zuallererst zu rekonstruieren hat. Darin besteht der Witz des Spurenlesens" (KRÄMER 2008a, S. 87). Mit dieser Einsicht wird nun interessant, auf was dann die Spur verweist:

Die Spur ist der äußere Anlass, der zur Frage anstößt. Sie macht den Anschein, als käme sie zu uns von einem Anderen. Aber dadurch, dass wir selbst es sind, die etwas als Spur bedeuten, weist die Spur zugleich auch auf uns selbst zurück. Genau genommen verweist sie auf etwas Fragliches, das sich innerhalb einer besonderen Beziehung des Eigenen zum Anderen herausbildet und genau dort auch verstanden werden will.

Die Spur ist dann genau jener Punkt, an dem innere und äußere Welt zusammengehen. Sie ist der Ort des Umschlagens, vielleicht ein Knoten, an dem das Fragliche in der Beziehung zwischen mir und dem Anderen zur Darstellung gelangt. Die Spur ist somit Mittler; sie ist Indiz eines Übertragungsgeschehens (vgl. KRÄMER 2008a, b).

Die Entdeckung der Spur macht also wahrnehmbar, dass wir fragend, der Frage fähig und würdig in der Welt oder besser ausgedrückt: in Welt-Beziehungen sind.
Durch die Spur wird das Fragliche aber auch bearbeitbar. Emmanuel LÉVINAS äußert, dass „Spuren als Zeichen gelten, die die Entdeckung und die Einheit der Welt gewährleisten" (LÉVINAS 2007, S. 228). Sie sind eine Art Versprechen dafür, dass es Sinn macht, sich dem Fraglichen der Spur zu stellen. Andererseits wäre die Spur keine Spur, wenn sie dieses Versprechen tatsächlich einhalten könnte. Die Entdeckung der Spur ist immer auch die Begegnung mit dem radikal Anderen. Da ist etwas, was sich entzieht, was endgültig nicht verstanden werden kann: „Denn die Spur ist Gegenwart dessen, was eigentlich niemals da war, dessen, was immer vergangen ist" (LÉVINAS 2007, S. 233). Folglich bedeutet Spurenlesen nicht nur aktives Ermitteln, sondern immer auch die Erfahrung von Passivität.

4 Die Spur als Symbol

Was bedeutet das für ein Spurkonzept? Um im Umfeld der Spur aktiv zu ermitteln, kommt durch ihre passive Seite nicht nur deren Begrenztheit, sondern auch eine gewisse Freiheit ins Spiel. Praktisch heißt das, die Spur wie eine Art Symbol zu gebrauchen. Die Spur als Symbol fungiert dann eher als Ersatzobjekt. In den Worten von Jürgen GRIESER heißt das: „Mit dem Symbol kann man Dinge machen, die mit dem Symbolisierten nicht möglich sind, man kann es z.B. bei sich haben, wenn das Symbolisierte nicht zur Hand ist, oder man kann es bearbeiten, verändern, attackieren, ohne dass das reale Objekt Schaden nehmen muss" (GRIESER 2011, S. 52).

Wenn in diesem Zusammenhang von Freiheit die Rede ist, dann ist damit die Freiheit gemeint, mit dem Symbol gedanklich zu experimentieren. Es geht dabei konkret um den Raum zwischen Symbol und Symbolisierten, der durch ein interpretierendes, besser: verstehendes Selbst vermittelt wird; es ist also ein trianguläres Raum, in dem solche Realitäten ausgehandelt werden, die für die gegenwärtige Situation auch stimmig sind.

5 Geographie im Dialog

Wie war es nun möglich, im Fall von Christian der Friedhofsspur auf die Spur zu kommen? Dazu haben wir vor Ort drei intensive Gespräche geführt.
In einem ersten Schritt haben wir die Spur als Symbol benutzt, das auf etwas Äußerliches verweist; man könnte einfach sagen, wir haben sie objektseitig verfolgt und ganz grundständig gefragt: Was ist die geographische Sache, auf die die Spur verweist?
Im Gespräch überlegen wir, welchen Sinn es für Geographen machen könnte, irgendetwas im Bereich von Friedhöfen zu beforschen. Dazu fällt uns als erstes ein, dass Friedhöfe Erinnerungsorte markieren, die wir im Fall des Seemannsfriedhofs um Themen zu Heimat und Heimatlosigkeit erweitern. Dies führt erst einmal dazu, die Spur mit Fragen zur Entstehung und Bedeutung des Friedhofs zu verbinden.

Demzufolge beginnt Christian allerhand Daten zu sammeln. Kurz: er beobachtet, befragt und kartiert. Dies tut er einige Zeit, bis sich ein Sättigungseffekt einstellt, der ihn überhaupt nicht zufrieden macht. Mit dieser Unzufriedenheit beginnt sich das Fragliche zu zeigen, nämlich genau dort, wo die Datenlage schweigt – gemeint sind die auf ewig verlorenen Seemanns-Geschichten; also das Leben der Unbekannten, die an diesem Ort begraben liegen.

Wir führen also ein zweites Gespräch und versuchen, die Spur aus ihrer Fixierung auf Äußerliches zu lösen; wir gebrauchen sie jetzt als Symbol, das auf den Spurensucher selbst verweist. Man könnte sagen, wir kehren die Beobachtungsrichtung um und versuchen, die Spur eher subjektseitig zu verfolgen:

Wir reden nun darüber, dass Friedhöfe als ästhetisierte Orte gelten, die eine gefühlsmäßige Beziehung zu den Toten zum Ausdruck bringen; wir denken darüber nach, ob es vielleicht auch eine Verbindung gibt zwischen den unbekannten Seeleuten und dem Spurensucher. Ziel des Gesprächs ist es dann, für dieses unsichtbare Band aus Gefühlen, das in der Begegnung mit dem Ort anklingt, passende Worte zu finden. Der Weg zum Wort führt über ein Gedankenexperiment, konkret über eine aktive Imagination: „Stell dir vor, ein Wunder geschieht und einer dieser Seemänner könnte mit dir noch einmal ein Gespräch führen. Du hättest die Möglichkeit, ihm alle Fragen zu stellen, die dir einfallen. Was glaubst du, würdest du ihn fragen und was würde er dir antworten?" Christian tritt ein in den Dialog mit seinem Seemann, es war ein sehr tiefgehendes Gespräch. Ohne die Details wiederzugeben, kann gesagt werden, dass er eine Figur imaginiert, mit der ganz persönliche Fragen berührt werden: Fragen zum Fortgehen und zum Bleiben; Fragen zur Möglichkeit, im Leben zu scheitern; schließlich Fragen dazu, was es braucht im Leben wie im Tod die rechten Orte zu finden.

In einem letzten Gespräch haben wir versucht, von den Beobachtungen zu abstrahieren; es ging uns darum, das Ganze in eine geographische Frage zu übersetzen. Gemeint ist eine Untersuchungsfrage, die sich jenseits reiner Objekt- und Subjektbezüge zeigt.

Wir einigen uns auf das Themenfeld Erinnerungsorte, bestimmen dieses aber in einer Logik, bei der es nicht nur um die Gestalt des Ortes selbst geht, sondern vielmehr um das, was durch ihn möglich wird. Wir machen die hermeneutische Erfahrung nun selbst zum Thema und fragen uns: Was leistet eine bestimmte Geographie in konkret-dinglicher und sprachlich-symbolischer Gestalt, um bisher unbewusste Seiten des eigenen Lebens in die Wahrnehmung zu bringen? Oder allgemeiner ausgedrückt: Wie vollzieht sich Begegnung und Bildung am konkreten Ort? Wir binden diese Fragen an den Fall zurück und verabreden ein Forschungsthema, wir nennen es: Zur Begegnung mit dem Fremden – vor Ort eines Friedhofs für unbekannte Seeleute auf Sylt.

Dass das Thema ohne den Lernenden selbst, sein Gespür, seinen Eigensinn und seine Fraglichkeit niemals hätte gestellt werden können, steht außer Frage. Außer

Frage steht aber auch, dass der Weg von der Spur zur Frage erst im Rahmen einer geographischen Fachlichkeit möglich wurde.

6 Fazit

Abschließend stellt sich die Frage, wie all das Spurensuchen und -bedeuten möglich wurde. Allem zugrunde liegt die Idee der Dialogizität, abgeleitet aus GADAMERS Sicht einer philosophischen Hermeneutik (vgl. GADAMER 2010, S. 387ff.). An dieser Stelle kann bloß angedeutet werden, dass wir davon ausgehen, dass sich alles – der Einfall, die Spur, das Bedeuten der Spur und die Frage – im dialogischen Geschehen formieren. D.h. all das, was an Verstehen und Bildung möglich ist, geschieht im Vollzug des taktvollen Gesprächs. Es geht dabei einerseits um die taktvolle Auseinandersetzung des Lernenden mit der Spur; gemeint ist vielleicht jenes, was Barbara ZAHNEN als geographischen Takt ausweist (ZAHNEN 2011, S. 47). Andererseits ist das dialogische Prinzip auf das gemeinsame Reden über die Sache bezogen; gemeint ist nach Jörg ZIRFAS der pädagogische Takt im Gespräch mit einem Gegenüber (ZIRFAS 2012, S. 165). Zusammenfassend kann man sagen, dass der Weg zur lohnenden Frage ganz entscheidend davon abhängt, ob es uns gelingt, eine forschende Bewegung in Gang zu halten. Das bedeutet, dass wir offen sind und die Spur des Suchenden nicht im Schematismus von einseitig gefassten geographischen Positionen verrechnen. Nur dann – so die These – besteht die Möglichkeit einer Eigendynamik, die etwas Neues hervorbringt, das die Lernenden weder präsent noch intendiert hatten.

Literatur:
DICKEL, M., A. SCHNEIDER (2013): Über Spuren. Geographie im Dialog. – Zeitschrift für Didaktik der Gesellschaftswissen 1, S. 80-98.
GADAMER, H.-G. (^{7}2010): Wahrheit und Methode. Grundzüge einer philosophischen Hermeneutik. Bd. 1. Tübingen.
GRIESER, J. (2011): Architektur des psychischen Raumes. Zur Funktion des Dritten. Gießen.
HARD, G. (1995): Spuren und Spurenleser. Zur Theorie der Ästhetik des Spurenlesens in der Vegetation und Anderswo. Osnabrücker Studien zur Geographie 16, Osnabrück.
KRÄMER, S. (2008a): Medien, Boten, Spuren. Wenig mehr als ein Literaturbericht. In: MÜNKER, S., ROESLER, A. (Hrsg.): Was ist ein Medium? Frankfurt a.M., S. 65-90.
KRÄMER, S. (2008b): Medium, Bote, Übertragung. Kleine Metaphysik der Medialität. Frankfurt a.M.
LANG, H.(2000): Das Gespräch als Therapie. Frankfurt a.M.
LÉVINAS, E. (2007): Die Spur des Anderen. Untersuchungen zur Phänomenologie und Sozialphilosophie. Freiburg, München.

ZAHNEN, B. (2011): Vollzug und Sprache Physischer Geographie und die Frage des geographischen Takts. – Social Geography 6, 47-61.

ZIRFAS, J. (2012): Pädagogischer Takt. Zehn Thesen. In: GÖDDE, G.,GÖDDE, G.. (Hrsg.): Takt und Taktlosigkeit. Über Ordnungen und Unordnungen in Kunst, Kultur und Therapie. Bielefeld, S. 165-187.

Michael Hemmer, Kim Miener
Schülerexkursionen konzipieren und durchführen lernen
Förderung exkursionsdidaktischer Kompetenzen in der Geographielehrerausbildung an der Universität Münster

1 Einleitung
Dass Geographielehrerinnen und -lehrer für die Planung, Durchführung und Nachbereitung von Schülerexkursionen spezifische didaktisch-methodische Kompetenzen benötigen, steht außer Frage. Wo jedoch und wie erwerben sie diese im Rahmen ihrer Aus- und Weiterbildung? Die beiden Münsteraner Geographiedidaktiker BEYER und ITTERMANN (1973) veröffentlichten vor 40 Jahren in der Geographischen Rundschau ein engagiertes Plädoyer dafür, dass nebst den herkömmlichen Exkursionen im Studium für die Lehramtsstudierenden spezifische fachdidaktische Exkursionen angeboten werden, in denen diese eigenständig Exkursionen für Schüler entwickeln und vor Ort erproben. Das nachfolgend skizzierte exkursionsdidaktische Ausbildungskonzept im Institut für Didaktik der Geographie in Münster (vgl. Abb. 1) versteht sich als ein erfahrungsbasiertes *best-practice* Beispiel, das anknüpfend an den Beitrag aus den 1970er Jahren sukzessiv am Standort weiterentwickelt wurde (vgl. z.B. BEYER, HEMMER 1997; HEMMER, BEYER 2004; HEMMER, UPHUES 2009; MIENER, HEMMER 2013).

2 Förderung exkursionsdidaktischer Kompetenzen in der Lehrerbildung
Die in Abb. 1 dargestellte Rahmenkonzeption für die exkursionsdidaktische Ausbildung unterscheidet zwischen dem Kompetenzerwerb im Rahmen von Lehrveranstaltungen (s. 2.1) und dem Kompetenzerwerb im Bereich der geographiedidaktischen Begleitforschung (s. 2.2). In der Praxis sind beide Bereiche eng miteinander verzahnt.

2.1 Kompetenzerwerb im Rahmen von Lehrveranstaltungen
Phase 1: Theorie
In der ersten Phase der exkursionsdidaktischen Kompetenzförderung, die eingebettet ist in ein grundlegendes mehrphasiges geographiedidaktisches Ausbildungskonzept am Standort Münster (HEMMER, UPHUES 2011), setzen sich die Studierenden auf theoretischer Ebene mit dem Bereich des Lernens vor Ort auseinander. Hierbei lernen die Lehramtsstudierenden Exkursionen im Rahmen eines Einführungsseminars in die Geographiedidaktik als eine Unterrichtsmethode kennen und diese von weiteren Unterrichtsmethoden abzugrenzen[1]. Im darauf folgenden Semester erhalten die

---
[1] Parallel hierzu besuchen die Studierenden ein Seminar zur Unterrichtsplanung. Hier lernen sie indirekt die für die Konzeption einer Exkursion erforderliche Strukturierung und Planung von Geographieunterricht kennen.

Studierenden im Kontext der Ringvorlesung zu aktuellen Fragestellungen der Geographiedidaktik bezogen auf die Exkursionsdidaktik einen Überblick über den Stand der Forschung sowie exemplarische Einblicke in unterschiedliche Exkursionskonzepte. Sie setzen sich dabei mit den zentralen Kennzeichen von Schülerexkursionen, den zu fördernden Kompetenzen und unterrichtlichen Leitprinzipien von Exkursionen auseinander und lernen zudem, verschiedene exkursionsdidaktische Ansätze hinsichtlich ihrer Vor- und Nachteile auf theoretischer Ebene gegeneinander abzuwägen. Ferner wird ihnen verdeutlicht, über welche spezifischen Kompetenzen eine Lehrkraft verfügen muss, um eine Schülerexkursion planen, durchführen und evaluieren zu können.

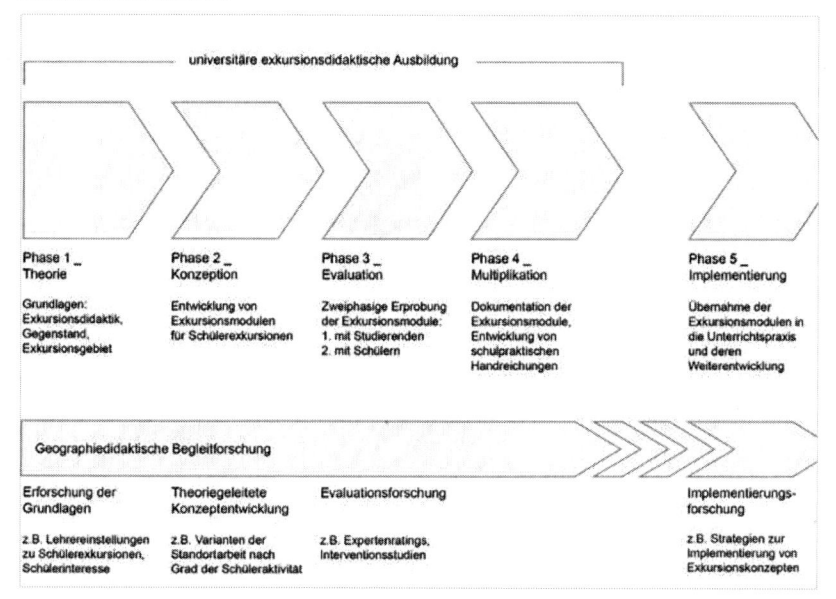

Abb. 1: **Rahmenkonzeption für die exkursionsdidaktische Ausbildung im Institut für Didaktik der Geographie an der Universität Münster** (Entwurf: HEMMER, MIENER 2013)

Parallel hierzu bzw. in einem späteren Semester wird den Studierenden die Möglichkeit geboten, an einer fachdidaktischen Exkursion teilzunehmen[2]. Im Institut für Didaktik der Geographie in Münster werden derzeit Exkursionen zur ostfriesischen Insel Spiekeroog, nach Berlin und ins Ruhrgebiet sowie nach Mallorca angeboten. Während auf der Insel Spiekeroog vorrangig Schülerexkursionen für die Primarstufe und die Orientierungsstufe entwickelt und erprobt werden, richten sich die für Berlin

---

[2] Mit der Teilnahme an dieser Veranstaltung können die Studierenden ein reguläres fachdidaktisches Seminar substituieren.

und das Ruhrgebiet entwickelten Exkursionsmodule primär an Schülerinnen und Schüler der Jahrgangsstufe 9. Die Konzeption und Erprobung einer geographisch ausgerichteten Studienfahrt zum Thema ‚Mallorca – zwischen Massen- und Qualitätstourismus' wurde exemplarisch für die gymnasiale Oberstufe entwickelt. Zu jeder Destination liegen mittlerweile umfänglich, in Teilen mehr als 500 Seiten starke Exkursionsführer vor, die in jedem Durchgang überarbeitet und um weitere Module ergänzt werden.

Verbunden mit der Teilnahme an einer fachdidaktischen Exkursion ist die Teilnahme an zwei obligatorischen Vorbereitungstreffen. Dabei stehen beim ersten Vorbereitungstreffen nebst der Klärung organisatorischer Fragen eine Vertiefung der theoretischen Grundlagen der Exkursionsdidaktik sowie eine erste Annäherung an das Exkursionsgebiet auf dem Programm. Hierbei erfolgt auf der fachdidaktischen Ebene eine Vertiefung der aktuell diskutierten Exkursionskonzepte auf der Grundlage der Lektüre und Diskussion aktueller Publikationen. Auf der fachwissenschaftlichen Ebene erhalten die Studierenden einen primär topographisch-naturräumlich und/oder historisch-genetisch akzentuierten Überblick über das Exkursionsgebiet. Der Ausblick auf die Anwendung der theoretisch erworbenen Kenntnisse und Fähigkeiten in der nachfolgend skizzierten zweiten Phase stellt den Ausgangspunkt der konzeptinhärenten Theorie-Praxis-Verzahnung dar.

Phase 2: Konzeption

Zum Abschluss des ersten Vorbereitungstreffens wird im Hinblick auf die angestrebte Konzeption eines Exkursionsmoduls gemeinsam mit den Studierenden ein Thema festgelegt, welches gleichermaßen für Schülerinnen und Schüler der vorab festgelegten Jahrgangsstufe von Interesse ist und eine curriculare Einbettung erlaubt. Bezogen auf die Destination Berlin wurden von den Studierenden beispielsweise 2010 das Thema Städtetourismus und 2012 das Thema Gentrification gewählt, für die Insel Spiekeroog 2011 die Förderung der kartengestützten Orientierungskompetenz im Realraum und 2013 der Lebensraum Wattenmeer. Nachdem sich die Studierenden das erforderliche Fachwissen über das Thema und den Untersuchungsraum angeeignet haben, wird beim zweiten Vorbereitungstreffen nebst der Formulierung übergeordneter Ziele und Kompetenzen eine Strukturierung des Themas vorgenommen und ein erster möglicher Verlauf der Schülerexkursion festgelegt. Die didaktisch-methodische Aufarbeitung der einzelnen Exkursionsbausteine bzw. Phasen erfolgt daraufhin in Kleingruppen. Nebst der begründeten Auswahl und Anordnung der Lerninhalte treffen die Studierenden hier u.a. erste Entscheidungen hinsichtlich möglicher Methoden und Materialien, die vor Ort eingesetzt werden können. Mit einem vorläufigen Konzept für die Standortarbeit, Ideen für mögliche Standorte und einem Koffer voller Materialien startet die Exkursion.

Abb. 2: Beispiel einer fachdidaktischen Exkursion nach Berlin (aus: HEMMER, MIENER, SCHUBERT 2010)

Sonntag 25.07.10	Montag 26.07.10	Dienstag 27.07.10	Mittwoch 28.07.10	Donnerstag 29.07.10	Freitag 30.07.10	Samstag 31.07.10
Anreise _ DB 09.04 ab Münster 09.40 an Osnabrück 10.08 ab Osnabrück 13.20 an Berlin HBF	08.30 Uhr Orientierung im Großstadtdschungel Teil II	08.30 Uhr Schülerexkursion Die Berliner Mauer	08.30 Uhr Studienprojekt Städtetourismus	08.30 Uhr Studienprojekt Städtetourismus	08.30 Uhr Studienprojekt Städtetourismus	08.30 Uhr Stattreisen Berlin – immer noch geteilt? Die Luisenstadt
Hotel *Die Fabrik* www.diefabrik.com Kreuzberg		u.a. Besuch der neuen Mauer-Gedenkstätte an der Bernauerstraße	9.30 Uhr Gespräch mit Berlin Tourismus-Marketing Zielsetzung und Strukturierung der Schülerexkursion inkl. Standortoptionen	Standortwahl und Strukturierung der Standortarbeit, Erstellung von Medien	Erprobung der Schülerexkursion	
14.30 – 18.00 Uhr Orientierung im Großstadtdschungel Teil I	Stadtmodelle Ausstellung der Senatsverwaltung für Stadtentwicklung	14.30 Uhr Schülerexkursion Potsdamer Platz _ die neue Mitte?			14.00 Uhr Schülerexkursion Berlin Marzahn _ Varianten der Standortarbeit	Abschlussreflexion
Bedeutungs- und Funktionswandel ausgewählter Teilräume der Stadt	Studienprojekt Städtetourismus Sachanalyse			anschließend Freiraum zu eigenständigen Erkundung Berlins		Rückreise _ DB 16.37 ab Berlin HBF 19.51 an Osnabrück 20.19 ab Osnabrück 20.55 an Münster
21.00 Uhr Bundestag			21.00 Uhr Friedrichshain		20.30 Uhr Abendessen	

Vor Ort arbeiten die Gruppen gezielt an ihrem Auftrag weiter. Hierzu sind regelmäßige Treffen im Plenum unabdingbar, da die Arbeit an einem einzelnen Standort stets im Kontext der übrigen Standorte respektive der dort favorisierten didaktisch-methodischen Entscheidungen zu betrachten ist. Nebst des Roten Fadens, der Adressatengemäßheit und organisatorischen Umsetzbarkeit, sollte bei den Treffen im Plenum auch ein Bezug zu grundlegenden theoretischen Ansätzen und Erkenntnissen der Exkursionsdidaktik hergestellt werden, da dadurch vielfältige Planungsfehler vermieden werden können.

Nachdem auf der theoretischen Ebene grundlegende didaktisch-methodische Entscheidungen getroffen sind, gilt es für die Studierenden geeignete Standorte ausfindig zu machen, an denen mit Hilfe der Physiognomie des Standortes thematische Erkenntnisse durch den Einsatz fachgenuiner Arbeitsweisen erarbeitet werden können. Sollte der Standort für sich genommen keine hinreichenden Erkenntnisse über das zu bearbeitende Thema zulassen, müssen die Studierenden hier ergänzende Medien, Materialien und entsprechende Aufgabenstellungen konzipieren respektive deren Anwendung kritisch prüfen. Insbesondere in dieser Phase kommt es häufig zu einer rekursiven Form der Konzeptüberarbeitung. Der regelmäßige kritische Austausch mit den Kommilitonen und der Exkursionsleitung ist dabei ein wichtiges Element der Theorie-Praxis-Verzahnung, gibt er den Studierenden doch die Möglichkeit, die Handhabung der theoretisch erarbeiteten Konzepte bereits vor der Durchführung hinsichtlich ihrer theoretischen Passung zu prüfen.

Phase 3: Evaluation
Die Phase der praktischen bzw. praxisnahen Erprobung und Evaluation erfolgt in zwei Stufen: In einer ersten Phase wird die Exkursion mit den Kommilitonen vor Ort erprobt. Hierzu setzen die jeweiligen Kleingruppen das von Ihnen entwickelte Konzept vor Ort um, während die übrigen Studierenden zum einen die Gruppe der Schülerinnen und Schüler simulieren und zum anderen eine metareflexive Beobachterrolle einnehmen, die darauf achtet, ob und welche didaktisch-methodischen Entscheidungen zielführend im Sinne der ursprünglich verfolgten Planung sind. Das unmittelbare Feedback ermöglicht den zeitweiligen Exkursionsleitern eine Gelegenheit zum Lernen aus eigenen Planungsschwächen und -fehlern. Zudem lassen sich im Plenum vielfach ergiebige Alternativen erarbeiten.

Eine nachgelagerte zweite Ebene ist die Evaluation mit einer Gruppe von Schülerinnen und Schülern oder gar einer ganzen Schulklasse im Feld. Nur auf diese Weise kann sichergestellt werden, dass die Schülerexkursionen adressatengemäß konzipiert sind. Aus planungsökonomischen Gründen lässt sich die letztgenannte Ebene der Evaluation leider nicht im Rahmen jeder fachdidaktischen Exkursion realisieren

Nebst der Entwicklung eines neuen Exkursionsmoduls werden im Rahmen der fachdidaktischen Exkursionen stets auch andere in den Vorjahren entwickelte Schülerexkursionen auf ihre Praxistauglichkeit hin erprobt und diskutiert (vgl. Abb. 2). Komplettiert wird das Exkursionsprogramm durch Führungen, Gesprächsrunden mit Experten und den Besuch ausgewählter außerschulischer Lernorte (z.B. die Stadtmodelle in Berlin oder das Nationalparkhaus auf Spiekeroog).

Phase 4: Multiplikation
In der vierten Phase sind die Studierenden aufgefordert, die evaluierten und optimierten Exkursionsmodule in eine Handreichung für den schulpraktischen Einsatz umzusetzen. In diesem Schritt wird von den Studierenden die Gesamtkonzeption ihres Moduls noch einmal reflexiv in den Blick genommen und dadurch die Verzahnung von theoriegeleiteten didaktisch-methodischen Entscheidungen in der Planungsphase mit entsprechenden erfolgreichen Erträgen in der Umsetzung der Exkursionskonzepte deutlich.

Phase 5: Implementierung
Dass die Förderung exkursionsdidaktischer Kompetenzen nicht auf die Universität beschränkt bleiben kann, steht außer Frage. Damit die Kompetenzen zu einem festen Bestandteil des Handlungsrepertoires von Lehrkräften werden, bedarf es einer weiteren Phase: der Implementierung in den Unterrichtsalltag. Hierbei sind die Absolventen angehalten, im Rahmen des Vorbereitungsdienstes und der späteren Berufstätigkeit Handlungskontexte zu schaffen, in denen sie Exkursionen aktiv in den Unterricht integrieren und damit die Kompetenz erwerben, konzeptionelle Ansätze gezielt in Bezug auf die Adressatengruppe und Intention der Exkursion auswählen,

anpassen und einsetzen zu können. Diese Phase der Selbstausbildung kann nur in Eigenverantwortung der Absolventen, gegebenenfalls mit beratender Rücksprache durch Fachleiter und Fachdidaktiker erfolgen. Eine wichtige Funktion dürfte in diesem Kontext den Lehrerfortbildungen zukommen.

2.2 Kompetenzerwerb im Bereich geographiedidaktischer Begleitforschung

Der Kompetenzerwerb im Bereich der geographiedidaktische Begleitforschung, die bezogen auf die Exkursionsdidaktik eine „methodisch-methodologisch normierte, intersubjektiv überprüfbare respektive nachvollziehbare Gewinnung und Begründung von Erkenntnissen über das institutionalisierte Lehren und Lernen geographischer Sachverhalte" vor Ort anstrebt (HEMMER 2012, S. 13), erfolgt am Standort Münster im Rahmen der verpflichtenden Projektseminare ‚Geographiedidaktisch forschen' gegen Ende des Masterstudiengangs, im Rahmen von wissenschaftlichen Abschlussarbeiten oder im Rahmen von Forschungsprojekten, an denen Studierende beteiligt sind. Korrespondierend zu den Ausbildungsphasen in Kap. 2.1 sowie der Klassifikation geographiedidaktischer Forschung nach HEMMER (2012, Abb. 1.1.2/1, 1.1.2/2) ist zwischen der Erforschung der Grundlagen, der theoriegeleiteten Konzeptentwicklung, der Evaluationsforschung und der Implementierungsforschung zu differenzieren.

Im Bereich der Grundlagenforschung wurden in der Vergangenheit z.B. einzelne Forschungsprojekte zum Interesse von Schülerinnen und Schülern an einer geographisch ausgerichteten Berlin- bzw. Spiekeroog-Exkursion sowie zu Schülervorstellungen (z.B. zur Entstehung der Ostfriesischen Inseln, zu Ebbe und Flut oder zu Sturmfluten) durchgeführt. Unter Bezugnahme auf unterschiedliche theoretische Modelle zur Exkursionsdidaktik (z.B. die Klassifikation von Schülerexkursionen nach dem Grad der Selbstorganisation des Lernprozesses nach HEMMER, UPHUES 2009, Abb. 1) liegen im Bereich der Konzeptentwicklung allein für die Destinationen Ruhrgebiet und die Stadt Münster derzeit neun bzw. fünf ausgearbeitete Schülerexkursionen vor, die im Rahmen von Masterarbeiten konzipiert und i. T. mit Schülergruppen erprobt wurden. Desiderata sind im Bereich der exkursionsdidaktischen Begleitforschung ebenso wie in der geographiedidaktischen Forschung generell vor allem in der Evaluations- und Implementierungsforschung zu konstatieren.

3 Diskussion und Ausblick

Inwiefern Studierende am Ende ihres Studiums bzw. in den sich daran anschließenden Phasen der Lehrerbildung die erforderlichen exkursionsdidaktischen Kompetenzen erworben haben, wurde bislang keiner wissenschaftlichen Prüfung unterworfen. Somit stützen sich die nachfolgenden Aussagen auf Beobachtungen und Erfahrungen, die wir als Exkursionsleiter vor Ort machen konnten, auf die Lehrevaluationen und Abschlussberichte der Studierenden sowie das Feedback einzelner Lehrer, die im Verlauf ihres Studiums an einer fachdidaktischen Exkursion teilgenommen haben und die Konzepte nunmehr erfolgreich in der Schulpraxis umsetzen konnten. Wenngleich den Studierenden in der Umsetzung verständlicherweise noch vielfältige didaktisch-methodische Handlungsroutinen fehlen, was sich beispielsweise in der Fragetechnik und der Gestaltung einzelner Arbeitsmaterialien äußert, so gelang es in den vergangenen Jahren doch stets, überzeugende theoriegeleitete Konzepte zu erarbeiten und den beabsichtigen Perspektivenwechsel vorzunehmen. Darüber hinaus zeichnete sich auf sämtlichen Ebenen, d.h. sowohl prozess- als auch produktbezogen, bei allen Exkursionsteilnehmern stets eine sehr hohe Motivation und Identifikation mit dem Handlungsprodukt ab. Dass die Studierenden während der Exkursion vielfach bis tief in die Nacht hinein an ihren Modulen feilten, mag als nur ein Beleg an dieser Stelle ausreichen.

Nebst der Weiterentwicklung des bewährten Ausbildungskonzepts, das mittlerweile an zahlreichen Standorten, an denen Geographielehrer ausgebildet werden, zumindest in Teilen *state of the art* ist, und einer Intensivierung der geographiedidaktischen Begleitforschung insbesondere im Bereich der Evaluationsforschung sind zur Stärkung der Implementierung mittelfristig u.a. ausleihbare ‚Koffer für Berlin' angedacht, in denen Geographielehrerinnen und -lehrer sämtliche Informationen, Verlaufs- und Routenskizzen, Karten, Fotos, Arbeitsblätter etc. sowie die erforderlichen technischen Hilfsmittel im Klassensatz vorfinden. Für Spiekeroog, das Ruhrgebiet und die Stadt Münster sind in ähnlicher Form sogenannte ‚Seemannskisten' und ‚Klasse(n)kisten' samt Weiterbildungsangeboten in der Lehrerfortbildung geplant.

Literatur

BEYER, L., ITTERMANN, R. (1973): „Wider die herkömmliche Großexkursion". In: Geographische Rundschau, S. 132-140.

BEYER, L., HEMMER, M. (1997): Perspektiven-Wechsel – Geographische Exkursionen im Lehramtsstudiengang. In: Rundbrief Geographie, H. 140, S. 1-4.

DICKEL, M., GLASZE, G. (Hrsg.) (2009): Vielperspektivität und Teilnehmerzentrierung - Richtungsweiser der Exkursionsdidaktik. Praxis Neue Kulturgeographie, Bd. 6. Wien.

HEMMER, M. (2012): Die Geographiedidaktik – eine forschende Disziplin. In: HAVERSATH, J.-B. (Mod.): Geographiedidaktik. Theorie – Themen – Forschung. Braunschweig, S. 12-19.

HEMMER, M., BEYER, L. (2004): Mit Schülerinnen und Schülern vor Ort – Grundlagen der Standortarbeit aufgezeigt am Beispiel des Potsdamer Platzes in Berlin. In: RAAbits Geographie 43, Beitrag 6, S. 1-17.

HEMMER, M., UPHUES, R. (2009): Zwischen passiver Rezeption und aktiver Konstruktion. Varianten der Standortarbeit aufgezeigt am Beispiel der Großwohnsiedlung Berlin-Marzahn. In: DICKEL, M., GLASZE, G. (Hrsg.): Vielperspektivität und Teilnehmerzentrierung – Richtungsweiser der Exkursionsdidaktik. Wien, S. 39-50.

HEMMER, M., UPHUES, R. (2011): Gemeinsam den Geographieunterricht der Zukunft andenken. Ein idealtypisches Modell für eine kompetenzorientierte Lehrerbildung in der Geographiedidaktik. In: Geographie und ihre Didaktik 39, S. 25-44.

HEMMER, M., MIENER, K. (2013): Exkursionsdidaktik. In: BÖHN, D., OBERMAIER, G. (Hrsg.): Didaktik der Geographie – Begriffe. Braunschweig (im Druck).

MIENER, K., HEMMER, M. (2013): Field trips in geography lessons. Promotion of competence in didactic of field trip in teacher training. In: SCHMEINCK, D., LIDSTONE, J. (Hrsg.): Standards and Research in Geography Education – Current Trends and International Issues. Berlin (im Druck).

NEEB, K., OHL, U. (2012): Exkursionsdidaktik: Methodenvielfalt im Spektrum von Kognitivismus und Konstruktivismus. In: HAVERSATH, J.-B. (Mod.): Geographiedidaktik: Theorie – Themen – Forschung. Braunschweig, S. 259-288.

Anne-Kathrin Lindau, Alexander Finger
Uni macht Schule – Studierende organisieren für Schülerinnen und Schüler eine geographisch-biologische Exkursion

Einführung

„Ich hätte nicht gedacht, dass es so schwer ist, eine Exkursion zu organisieren." „Ich freue mich auf meine erste eigene Exkursion." Diese Aussagen stehen stellvertretend für weitere, die Studierende während eines Seminars zur Outdoor-Education in der Geographiedidaktik an der Martin-Luther-Universität Halle-Wittenberg äußerten. In den Formulierungen werden die hohen Anforderungen an die Studierenden während einer Schülerexkursion sowie der hohe motivationale Faktor des außerschulischen Lernens angedeutet.

Der vorliegende Artikel stellt ein geographiedidaktisches Seminarkonzept vor, welches seit mehreren Jahren an der Martin-Luther-Universität Halle-Wittenberg praktiziert wird. Ziel der Veranstaltung ist der Erwerb von Kenntnissen zu Ansätzen der Outdoor-Education und die Reflexion darüber. Die Kompetenzentwicklung hinsichtlich der Organisation, Durchführung und Reflexion einer Schülerexkursion mit dem Schwerpunkt der Erkenntnisgewinnung durch Geländemethoden ist ein weiterer Kerngedanke.

Exkursionen als eine Form des Outdoor-Learnings stellen eine traditionelle Methode des Geographieunterrichts dar. Argumente für die Realisierung des außerschulischen Lernens sind vielfach in der Literatur aufgeführt worden. Unter außerschulischen Lernorten versteht man meist didaktisch aufbereiten Orte, welche eine reale Begegnung mit bestimmten Sachverhalten oder Objekten ermöglichen (MEYER 2006). Sie sind daher authentisch, real, komplex und leisten einen Betrag zur Kompetenzentwicklung (SCHOCKEMÖHLE 2009; NEEB 2010; RICKINSON et al. 2004; PFLIEGERSDORFER 1984). Durch das außerschulische Lernen kann eine große Facette an Zielen erreicht werden. So kann sich die direkte Auseinandersetzung mit dem Lerngegenstand in einer authentischen Lernumgebung positiv auf die Motivation und das Interesse auswirken. Durch die Auflösung der starren Klassenstruktur wird v. a. das soziale Lernen sowie der Bereich der Kommunikation angesprochen (RICKINSON et al. 2006; PFLIEGERSDORFER 1984).

Jedoch ist vor dem Hintergrund der Vorteile von außerschulischem Lernen in Studien festgestellt worden, dass in der Schule teilweise kaum Exkursionen realisiert werden (LÖßNER 2010; HEYNOLDT 2013; RICKSON et al. 2004; PFLIEGERSDORFER 1984). Zusammenfassend können vier Begründungstendenzen festgehalten werden, die aus Lehrer/-innenperspektive gegen die Durchführung des außerschulischen Lehrens und Lernens in der Schulpraxis angeführt werden:

1. Außerschulisches Lernen ist nicht immer verpflichtend in den Curricula der Fächer Geographie und Biologie verankert. Teilweise fehlt die Einbindung von Veranstaltungen und Exkursionen mit fachdidaktischen Schwerpunkten innerhalb der Hochschulen.

2. Lehrer-/innen geben an, dass sie sich nicht befähigt fühlen, selbständig das außerschulische Lernen von Schüler-/innen zu begleiten. Als Grund wird die fehlende Professionskompetenz im Bereich des außerschulischen Lernens angegeben.
3. Mangelnde eigene Erfahrungen im Bereich außerschulisches Lernen aus der eigenen Schulzeit stehen im Zusammenhang mit der Unsicherheit und fehlenden Professionalisierung im Lehrer/-innendasein.
4. Organisatorische Rahmenbedingungen wie die Integration von Exkursionstagen in den schulischen Alltag bzw. Fragen der Aufsichtspflicht und Kosten, wie z. B. Fahrkosten, Eintritte usw., hemmen zusätzlich das Organisieren von außerschulischen Lernformen. Weiterhin trägt die Befürchtung von ungünstigen Wetterbedingungen zur Nichtrealisierung von Exkursionen bei.

Um den Anteil des außerschulischen Lernens in den Unterrichtsfächern Geographie und Biologie zu erhöhen sowie die benannten Hemmnisse von Exkursionsrealisierungen zu verringern, wurde ein Seminar zur Outdoor-Education in das Lehramsstudium integriert. Durch das Angebot dieser Lehrveranstaltungen zur Exkursionsdidaktik sowie der Kooperation mit einem Gymnasium können die Studierenden die Organisation und Realisierung von Schülerexkursionen unter Realbedingungen üben sowie First-Hand-Experiences im Gelände sammeln.

Projektziele

Auf der Grundlage einer langjährigen Kooperation zwischen der Geographie- und Biologiedidaktik der Martin-Luther-Universität Halle-Wittenberg sowie dem Elisabeth-Gymnasium in Halle (Saale) konnte ein gemeinschaftliches Exkursionsprojekt innerhalb der Lehramtsausbildung für das Fach Geographie konzipiert werden.

Durch die Organisation einer geographisch-biologischen Schülerexkursion unter Realbedingungen wird so in der universitären Phase der Lehrerbildung ein wertvoller Beitrag zur Professionalisierung geleistet. Auf der Basis der Bildungsstandards für den Mittleren Schulabschluss im Fach Geographie (DGFG 2012), welche die von Schüler/-innen zu erlangenden Kompetenzen beschreiben, liegt der Schwerpunkt auf dem Kompetenzbereich der Erkenntnisgewinnung/Methoden, da mithilfe von Geländemethoden Daten aus dem Gelände gewonnen werden.

Auf der Seite der Schulpraxis werden die Geographie- und Biologielehrer/-innen bei der Entwicklung der Methodenkompetenz auf dem Gebiet des Outdoor-Learnings unterstützt, da hier häufig keine Kenntnisse oder Fähigkeiten aus dem Studium nachgewiesen werden können. Weiterhin werden durch die Zusammenarbeit zwischen Universität und Schule Exkursionen in den Geographie- und Biologieunterricht integriert, die in den Fachcurricula verankert sind. Gleichzeitig erfahren die Fachlehrer/-innen hinsichtlich der Organisation und Durchführung der Schülerexkursion eine Entlastung, da diese Tätigkeit teilweise von den Studierenden übernommen wird.

Folgende Fragen wurden während des zu beschreibenden Projektes verfolgt:
1. Wie können Lehramtsstudierende durch hochschuldidaktische Lehre unterstützt werden, ihre Exkursionskompetenzen zu entwickeln?
2. Inwiefern ist es möglich, First-Hand-Experiences innerhalb der Hochschuldidaktik zu generieren?

3. Wie schätzen Lehramtsstudierende ihre Fähigkeitsentwicklung selbst ein?

Projektvoraussetzungen

Aus schulischer Sicht nahmen zwei Jahrgangstufen des Elisabeth-Gymnasiums Halle an dem Projekt teil. Im Schuljahr 2011/12 lernten in der 9. Jahrgangsstufe 108 Schüler/-innen in vier Parallelklassen. Die 11. Jahrgangsstufe besucht wahlobligatorisch den Geographieunterricht in vier Kursen. Dies betrifft 87 Schüler/-innen, die parallel einen Biologiekurs in der gymnasialen Oberstufe belegt haben. Der Geographie- und Biologieunterricht der 9. und 11. Jahrgangsstufe wurde von acht Fachlehrer/-innen betreut.

Inhaltlich bezieht sich die geographisch-biologische Schülerexkursion auf die Analyse der Erde als System, wobei die Betrachtung von Geofaktoren mit dem Ziel, das Geoökosystem zu beschreiben, erfolgt. Aus biologischer Sicht steht die Analyse von Bioökosystemen als Teil des Geoökosystems mithilfe des Bestimmens der Flora im Mittelpunkt der Betrachtungen. Als Exkursionsgebiet wurde dazu ein innerstädtisches Auenwaldgebiet gewählt. Ein wesentliches Ziel des Projektes ist die Entwicklung eines fachübergreifenden außerschulischen Lernangebots mit dem Fächerschwerpunkt Geographie und Biologie. Dazu entwickelten die Fachschaften Geographie und Biologie sowie Mitglieder der Geographie- und Biologiedidaktik ein Schulcurriculum für das außerschulische Lernen (Tab. 1). Der Schwerpunkt liegt dabei auf einem Training zum Fähigkeitserwerb von Geländemethoden, um Daten zu gewinnen und somit Ökosysteme zu analysieren. Die Basis für das Schulcurriculum bilden die Bildungsstandards im Fach Geographie und Biologie für den Mittleren Schulabschluss sowie die gültigen Rahmenrichtlinien für die Unterrichtsfächer Geographie und Biologie des Landes Sachsen-Anhalt (DGFG 2012; KMK 2004; KULTUSMINISTERIUM DES LANDES SACHSEN-ANHALT 2003a; KULTUSMINISTERIUM DES LANDES SACHSEN-ANHALT 2003b).

Neben den schulischen Rahmenbedingungen werden im Folgenden die universitären Voraussetzungen beschrieben. Innerhalb des Lehramtsstudiums im Unterrichtsfach Geographie belegen die Studierenden ein Pflichtseminar zur Outdoor-Education. Im Sommersemester 2012 nahmen an diesem Seminar 41 Studierende teil. Die Betreuung erfolgt durch eine Dozentin der Geographiedidaktik und einen Dozenten der Biologiedidaktik. Dazu konnten sich die Studierenden zwischen zwei Seminargruppen entscheiden, so dass 24 Lehramtsstudierende die 9. Jahrgangstufe begleiteten. Für die Schülerexkursion der 11. Jahrgangsstufe entschieden sich 16 Lehramtsstudierende. Die von den Studierenden angestrebten Schulformen (Lehramt an Gymnasien und Lehramt an Sekundarschulen) waren in beiden Seminargruppen vermischt.

Tab. 1: Schulcurriculum des Elisabeth-Gymnasiums Halle (Saale) zum außerschulischen Lernen – Schwerpunkt Ökosystemanalyse
(Quelle: KMK 2005; DGFG 2012; KULTUSMINISTERIUM DES LANDES SACHSEN-ANHALT 2003a, b)

Kompetenz		Inhalt		Methoden
Geographie	Biologie	Geographie	Biologie	
Die Schülerinnen und Schüler können …	Die Schülerinnen und Schüler …			
O4 S11 mit Hilfe einer Karte und anderen Orientierungshilfen ihren Standort im Realraum bestimmen		- relative und absolute Lagebestimmung		- Arbeit mit Karten - Arbeit mit dem Kompass - Benutzung von GPS - Erkundung des Geländes
F5 S22 geographische Fragestellungen an einen konkreten Raum richten F5 S23 zur Beantwortung dieser Fragestellungen Strukturen und Prozesse in den ausgewählten Räumen analysieren	F2.6 beschreiben und erklären die Angepasstheit ausgewählter Organismen an die Umwelt	- Formulierung einer individuellen Leitfrage - zielgerichtete Analyse des Raumes hinsichtlich der Leitfrage - Vergleich unterschiedlicher Standorte		
M2 S5 problem-, sach- und zielgemäß Informationen im Gelände oder durch einfache Versuche und Experimente gewinnen	E4 ermitteln mithilfe geeigneter Bestimmungsliteratur im Ökosystem häufig vorkommende Arten E6 planen einfache Experimente, führen die Experimente durch und/oder werten sie aus E7 wenden Schritte aus dem experimentellen Weg der Erkenntnisgewinnung zur Erklärung an E8 erörtern Tragweite und Grenzen von Untersuchungsanlagen, -schritten und -ergebnissen	- Klima- und Wetterdaten (Wind, Temperatur, Luftdruck) - Bodentyp und Bodenart (Kalkgehalt, Bodenstruktur) - Relief (formbildende Prozesse, Höhe über NN, Reliefenergie) - Bios (Pflanzengesellschaften, Tiergesellschaften, Bestandsdichte) - Wasser (Wassergüte, Fließgeschwindigkeit)		- Arbeiten an Stationen - individuelle Analysen - Wasseranalyse - Bodenanalyse - Wetterdatenbestimmung - Beobachten - Kartieren - Messen - Pflanzenbestimmung (Blütenpflanzen) - Zählen - Schätzen - Bestimmen - Befragung* - Vergleichen
K1 S4 geographisch relevante Mitteilungen fach-, situations- und adressatengerecht organisieren und präsentieren	K3 veranschaulichen Daten messbarer Größen zu Systemen, Struktur und Funktion sowie Entwicklung angemessen mit sprachlichen, mathematischen oder bildlichen Gestaltungsmitteln	- Dokumentieren, Fixieren und Veranschaulichen der Analysen anhand der Bearbeitung und Gestaltung einer Exkursionsmappe während der Exkursion (Bild, Profil, Text, Kartierung, Graphik) - Gestaltungsmöglichkeit der individuellen Fragestellung		- Bearbeiten und Gestalten einer Exkursionsmappe

Projektrealisierung

Das Seminar zur Outdoor-Education umfasste 2 Semesterwochenstunden und wurde so organisiert, dass zweiwöchentlich 4 Stunden à 45 Minuten Kontaktstudium stattfanden. Die Wochen zwischen den fixen Seminarterminen waren für das selbständige Projektstudium in Gruppen vorgesehen.

Zu Beginn des Seminars wurden die didaktischen Ansätze des außerschulischen Lernens sowie die Entwicklung eines Exkursionskonzeptes thematisiert, wobei der konstruktivistische Ansatz im Vordergrund stand. Die beiden Seminargruppen (Gruppe 1: Klassenstufe 11, Gruppe 2: Klassenstufe 9) entwickelten jeweils eine stationsbasierte Exkursion für Schüler/-innen. Die gewählten Geländemethoden, wie Pflanzen-, Wetterbestimmung, Boden-, Wasseranalyse, Befragung und Methoden der räumlichen Orientierung, wurden in einem von den Studierenden organisierten und moderierten Methodentraining eingeübt, um die sichere Handhabung der Methoden zu gewährleisten. Anschließend wurden die einzelnen Exkursionsstationen unter einer gemeinsamen Fragestellung arbeitsteilig von jeweils einer Studierendengruppe konzipiert. Die Erstellung von Exkursionsmaterialien in Kleingruppen wurde durch individuelle Konsultationen, Diskussionen mit den Fachlehrer/-innen der Schule sowie mit einem Testlauf der geplanten Exkursion innerhalb der Seminargruppen begleitet und abgesichert.

In der praktischen Phase, dem Durchführen der geographisch-biologischen Exkursion mit Schüler/-innen, wurde zwischen zwei Seminargruppen unterschieden (Abb. 1). Die Studierenden der ersten Gruppe betreuten ihre selbstentwickelten Stationen über den ganzen Exkursionstag, wobei die Schüler/-innen eigenständig die Stationen nach und nach aufsuchten. Die Teilnehmer/-innen der zweiten Gruppe betreuten zu zweit jeweils 10 Schüler/-innen über den ganzen Exkursionstag. Die einzelnen Teams durchliefen gemeinsam alle von den Studierenden entwickelten Stationen.

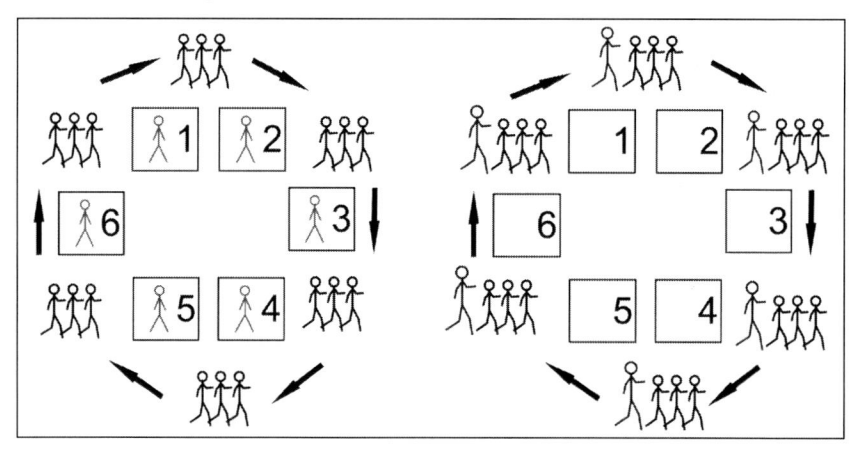

Abb. 1: Design der Exkursionen (links: Studierende betreuen eine Station, die Schüler/-innen laufen von Station zu Station, rechts: Studierenden begleiten eine Schülergruppe von Station zu Station)

Untersuchungsdesign

Für die Beantwortung der Fragestellung, welchen Einfluss das Seminardesign auf die Entwicklung der Kompetenzentwicklung und Selbstreflektion hat, wurden drei Indikatoren festgelegt. Die Methodenkenntnis stellt eine wesentliche Einflussgröße für ein adressatengerechtes Realisieren von Geländemethoden während der Exkursion dar. Die Fähigkeit zur Selbstreflexion über die eigene Methodenkenntnis steht dazu im engen Zusammenhang. In der Untersuchung wurden zwei Schwerpunkte für die Ermittlung der Reflexionsfähigkeit in Bezug auf die Exkursionen festgelegt. Einerseits stellt die methodische Selbstreflexion das Vermögen dar, die eigene Fähigkeit sowohl bei der Planung als auch Durchführung einer Geländemethode kritisch einschätzen zu können. Die Selbstreflexion über die gesamte Exkursion hingegen bezieht sich auf die allgemeine Fähigkeit, eine Exkursion planen, durchführen und reflektieren zu können.

Das Exkursionsprojekt wurde durch eine Vergleichsstudie begleitet. Zur Datenerhebung wurde ein Pre-Post-Design gewählt, in dem die Studierenden schriftlich befragt wurden. Die Pre-Erhebung fand zu Beginn des Seminars statt, die Post-Befragung direkt nach der Exkursion im Juni 2012. Der Fragebogen beinhaltete sowohl offene als auch geschlossene Fragen, wobei für die geschlossenen Fragen eine 5-stufige Likert-Skalierung verwendet wurde.

Untersuchungsergebnisse

1. Methodenkenntnis

In beiden Seminargruppen zeigt sich zum Wissen über Geländemethoden ein ähnliches Bild (Abb. 2). So präsentieren die Untersuchungen eine Zunahme der Methodenkenntnis im Durchschnitt um drei Methodennennungen auf. Während im Pre-Test noch die niedrigsten Kategorien (0; 1-3 Geländemethoden) mit mehr als 30 % in beiden Gruppen vertreten waren, konnten nach dem Besuch des Moduls über 75 % der Studierenden aus Gruppe 1 und ca. 70 % aus Gruppe 2 mehr als sieben Methoden nennen.

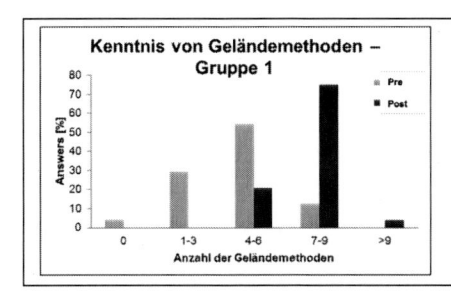

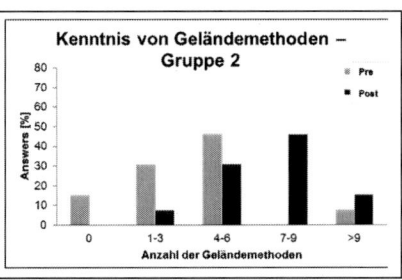

Abb. 2: Vergleich der Gruppen hinsichtlich der Kenntnis von Geländemethoden (Gruppe 1 (n=13) stationsbasiert, Gruppe 2 (n=24) schülerbegleitend)

2. Selbstreflexion zur Methodenkompetenz
In Bezug auf die methodische Selbstreflexion konnte nach der Exkursion festgestellt werden, dass ein hoher Prozentsatz der Studierenden ein positives Selbstbild von den eigenen methodischen Fähigkeiten hat. Lediglich ca. 10 % der Teilnehmer/-innen beider Gruppen war nach dem Modul noch unsicher. Die restlichen Proband/-innen schätzen ihre Fähigkeiten als sicher und sehr sicher ein. Jedoch zeigt sich hier ein geringer Unterschied zwischen den Seminargruppen. In der 1. Gruppe (Betreuung einer Exkursionsstation) schätzen sich 52 % als sehr sicher und 33 % als sicher in der Handhabung der Geländemethoden ein. Im Vergleich dazu beurteilen die Befragten der 2. Gruppe (Begleitung einer Schülergruppe über alle Exkursionsstationen) ihre Methodenkompetenz zu 15 % als sehr sicher und zu 61 % als sicher.

3. Selbstreflexion zur Exkursionskompetenz
Die Motivation, eine eigene Exkursion mit Schüler/-innen durchzuführen, konnte durch das Studienmodul und die First-Hand-Experiences erhöht werden. Während im Pre-Test ca. 60 % der Studierenden beider Gruppen noch unentschlossen waren, konnte die positive Einstellung in Gruppe 1 auf 29 % und in Gruppe 2 auf 44 % erhöht werden. In beiden Gruppen stieg die Anzahl der Studierenden, die sich eine Exkursionsdurchführung hinsichtlich des Kompetenzempfindens zutrauen, von jeweils 25 % auf 71 % (Gruppe 1) und 52 % (Gruppe 2). Während im Pre-Test in beiden Gruppen ca. 13 % der Befragten einer Exkursion gegenüber negativ eingestellt waren, konnte diese Kategorie nach der Modulteilnahme nur noch in der 2. Gruppe mit 4 % nachgewiesen werden.
Beim Vergleich der beiden Gruppen zeigt sich insgesamt das Bild, dass sich die schülerbegleitenden Studierenden aus Gruppe 2 generell etwas zurückhaltender einschätzen als die Teilnehmer/-innen aus Gruppe 1, die jeweils eine Exkursionsstation betreuten.

Zusammenfassung und Ausblick
Beide gewählten Exkursionsdesigns tragen zur Erhöhung der Methodenkenntnis sowie zur Stärkung der Methodenkompetenz bei. Durch die Spezialisierung auf ausgewählte Geländemethoden, die an einer Exkursionsstation betreut wurden, hatten die Studierenden der 1. Gruppe geringere Anforderungen hinsichtlich der Exkursionsorganisation, des Methodenwissens sowie der Methodenkompetenz empfunden als die Studierenden der 2. Gruppe. Durch die Betreuung aller Exkursionsstationen mit allen vorbereiteten Geländemethoden konnte bei den Teilnehmer/-innen der Gruppe 2 eine geringere Methodenspezialisierung erreicht werden. Dafür sind die organisatorischen und geländemethodischen Anforderungen als sehr hoch einzuschätzen, womit sich vermutlich auch die Verantwortung und das Stressniveau erhöhen und damit die Gefahr der Überforderung steigt. Auf der anderen Seite ist in dieser Gruppe eine höhere Kontaktzeit zu den Schüler/-innen zu verzeichnen. In Gruppe 1 ist dagegen eine geringere Kontaktzeit zu den Lernenden zu festzustellen, jedoch auch weniger Verantwortung und damit eine geringeres Stressempfinden.

Für die Zukunft wird die Kooperation zwischen Studierenden und Schüler/-innen erhöht, insbesondere in der Phase der Vor- und Nachbereitung des Exkursionsprojektes. Weiterhin soll neben der Erfassung der Selbstreflexion der Methodenkompetenz ein Instrument für die Messung der Methodenkompetenz entwickelt und getestet werden.

Literatur:

KMK (Ständige Konferenz der Kultusministerkonferenz) (2005): Bildungsstandards im Fach Biologie für den Mittleren Schulabschluss. München, Neuwied.

DGFG (DEUTSCHE GESELLSCHAFT FÜR GEOGRAPHIE) (Hrsg.) (^{7}2012): Bildungsstandards im Fach Geographie für den Mittleren Schulabschluss mit Aufgabenbeispielen. Bonn.

HEYNOLDT, B. (2013): Outdoor Education im internationalen Kontext – Eine qualitative Vergleichsstudie zu kontextuellen Deutungsmustern und Legitimationsstrukturen von Lehrer/-innen gegenüber der Implementierung von Exkursionen im Schulalltag. Poster, 15. Frühjahrsschule der FDdB im VBIO. Leipzig.

KULTUSMINISTERIUM DES LANDES SACHSEN-ANHALT (2003a): Rahmenrichtlinien Gymnasium. Biologie Schuljahrgänge 5-12. Sachsen-Anhalt. Magdeburg.

KULTUSMINISTERIUM DES LANDES SACHSEN-ANHALT (2003b): Rahmenrichtlinien Gymnasium. Geographie Schuljahrgänge 5-12. Sachsen-Anhalt. Magdeburg.

LÖßNER, M. (2010): Exkursionen im Erdkundeunterricht: didaktisch gewünscht und in der Realität verschmäht? - Ergebnisse einer empirischen Untersuchung an mittelhessischen Gymnasien. (Diss.) Gießen.

MEYER, C. (2006): Außerschulische Lernorte. In: HARTWIG, H. (Hrsg.): Geographie unterrichten lernen – die neue Didaktik der Geographie konkret. München, S.132-135.

NEEB, K. (2010): Exkursionen zwischen Instruktion und Konstruktion – Potenzial und Grenzen einer kognitivistischen und konstruktivistischen Exkursionsdidaktik für die Schule. (Diss.) Gießen.

PFLIGERSDORFFER, G (1984).: Empirische Untersuchung über Lerneffekte auf Biologieexkursionen. (Diss.) Salzburg.

RICKINSON, M., DILLON, J., TEAMEY, K., MORRIS, M., CHOI, M. Y., SANDERS, D., BENEFIELD, P. (2004): A review of research on outdoor learning. Preston Montford, Shropshire.

SCHOCKEMÖHLE, J. (2009): Außerschulisches regionales Lernen als Bildungsstrategie für eine nachhaltige Entwicklung. Entwicklung und Evaluierung des Konzeptes "Regionales Lernen 21+". Geographiedidaktische Forschungen Bd. 44. Weingarten 2009.

Johannes J. Bertsch, Gregor C. Falk
Geographiedidaktik goes abroad ...
Konzeption, Implementierung und Evaluation eines Studienmoduls zur Didaktik und Methodik der Geo- und Umweltwissenschaften an der PH Freiburg und der Rajshahi University, Bangladesh

Bildung im räumlichen Kontext Bangladeschs
Das ursprünglich kolonial geprägte Bildungssystem Bangladeschs wurde in den vergangenen Dekaden inhaltlich und strukturell vielfältig weiterentwickelt. Im Jahr 1947 hinterließ das englische Königreich den zuvor als Britisch-Indien deklarierten Raum in Form zweier Staaten, Pakistan und Indien. Bangladesch war nun der östliche Teil des sowohl räumlich als auch kulturell durch Indien getrennten Pakistan. Das in angelsächsischer Tradition etablierte Bildungssystem war durch die vom englischen Königreich eingesetzten Beamten geprägt. Es hatte bis dahin in erster Linie der Sicherstellung eines reibungslos verwalteten Extraktivismus der Produkte Indigo und Baumwolle in Richtung Europa gedient (WEIGANDT, PRIEWITZER, PHILIPPS 2011). Diese Intention wurde durch das nun dominierende West-Pakistan fortgesetzt, war doch das fruchtbare Ost-Pakistan eine wesentliche Stütze des pakistanischen Haushalts und seiner gewaltigen Militärausgaben. Mit zunehmender Spannung zwischen den beiden Landesteilen, die sich für Ost-Pakistan in Form kultureller Beschränkungen, wie etwa der Einsetzung des west-pakistanischen Urdu gegen das ost-pakistanische Bengali (Bangla) als Landessprache äußerte, wuchs auch die Bedeutung der Universitäten als kulturelle Zentren der bengalischen Identität. Aus diesen Zentren heraus formierte sich bereits 1952 die Bewegung zur Sicherung der bengalischen Sprache, die einen frühen Grundstein für die blutig erkämpfte Unabhängigkeit Bangladeschs im Jahr 1971 darstellt (vgl. MAHMUD 2010). Zentren der Unabhängigkeitsbewegung waren die Bildungseinrichtungen des Landes, in denen noch heute das Gedenken an die jeweils zur Universität gehörenden Unabhängigkeitskämpfer omnipräsent ist.
Die Universitäten Bangladeschs sind heute international anerkannt und vernetzt. Dadurch gelingt es, einen beachtlichen Anteil der jungen gut ausgebildeten Hochschulabsolventen längerfristig an das Land zu binden und einen Verlust dieses Potenzials an andere Standorte zu verhindern. Trotz der umgreifenden Internationalisierung der Bildungslandschaft sind die einzelnen Institutionen dabei aber fest in der Kultur des Landes verankert. Eine Betrachtung des Bildungssystems unter der simplen Annahme globaler, raum- und kontextlos verfügbarer Wissensströme gewährleistet daher keinesfalls ein angemessenes Verständnis der sich vollziehenden Veränderungen in den Systemen (vgl. MEUSBURGER 1998).

Neues Verständnis von Bildungszusammenarbeit an Hochschulen
Entwicklungshilfe betrachtet Bildung als einen in Gang zu bringenden Motor der Entwicklung eines Landes. Lokal verfügbares und weite Kompetenzbereiche abdecken-

des Wissen gilt als wichtiger positiver Wirtschaftsfaktor für ein Entwicklungsland. Im traditionellen Verständnis war Bildung durch ein Geberland von Außen in einen sich entwickelnden Raum einzubringen. Die Dynamik der Entwicklungsländer hat diesen Ansatz jedoch in einigen ausgewählten Bereichen durch eine erheblich größere eigene Leistungsfähigkeit überholt (SIEBERT, LOTTENBACH 2008). Dadurch können Universitäten in Entwicklungsländern heute selbstbewusst an der Internationalisierung der Bildungslandschaft partizipieren (vgl. BMZ 2009). Innovationen und Entwicklung ergeben sich dabei gerade aus der Verbindung getrennter Wissensbasen, die in unterschiedlichen Sektoren und Räumen verteilt sind (vgl. KUJATH, STEIN 2010). Die durch die globale Vernetzung entstehenden Freiräume für die Innovation von Hochschulstandorten und ihren Akteuren müssen durch die Stärkung partizipativer Strukturen und Lehr-/Lernprozesse weiter gefördert werden (vgl. CASTELLS 2010). Die Hochschuldidaktik hat daher eine grundlegende Funktion für die Etablierung einer kohärent innovativen Zusammenarbeit von Hochschulen in Bildungsfragen.

Selbstverständnis des *IES Teacher Training Project*

Diesen Ansatz greift das von DAAD und BMZ geförderte *IES Teacher Training Project* der Pädagogischen Hochschule Freiburg und der Universität Rajshahi in Bangladesch auf. Der Standort in Bangladesch verfügt über eine umfassende Expertise in den Bereichen Nah- und Fernerkundung der Geoinformatik im Zusammenhang mit den in Bangladesch drängenden geowissenschaftlichen Fragestellungen im Zuge von Klima- und Landnutzungswandel. Das Institut für Geographie und ihre Didaktik der PH Freiburg ist ein Innovationszentrum für die Didaktik der Geowissenschaften und verfügt darüber hinaus über vielfältige Forschungserfahrung im Raum Südasien. Im Rahmen des Projektes werden Seminarmodule im Bereich Didaktik und Methodik der Geowissenschaften kooperativ gestaltet. Durch die eng aufeinander abgestimmte Gestaltung der Seminare wird ein gegenseitiger Studienaustausch für Lehrende und Studierende beider Institutionen ermöglicht und eine angemessene Bewertung der in der jeweiligen Partneruniversität erbrachten Studienleistungen erleichtert. Nach ersten Erfolgen werden weitere fachbezogene Studienseminare in das Projekt mit einbezogen, um die gegenseitige Anschlussfähigkeit der Universitäten zu verstärken. Inhalte der Module sind methodische und didaktische Kompetenzen, die im Rahmen ausgewählter Themen erarbeitet werden. So beinhaltet das Projekt beispielsweise system- und erfahrungsbezogene Lehr- und Lernarrangements und den Einsatz moderner Geomedien etwa in den Bereichen Raumdarstellung und -vorstellung sowie Räumliche Orientierung. Auch umfassen die Module didaktische Themen der Unterrichtsplanung und -reflexion wie auch Fragestellungen aus den Bereichen Evaluation und Diagnostik. So sind die Teilnehmer nach Besuch der Seminare etwa in der Lage, lernpsychologische Erkenntnisse wie die Alltagsvorstellungen und Interessen von Schülern in die Unterrichtsplanung zu integrieren und Lernprozesse beobachtend und beratend zu begleiten.

Die exemplarisch gewählten Inhalte des *IES Teacher Training Project* sind dabei eng an den Bedürfnissen der jeweiligen Universität ausgerichtet und beruhen auf der intensiven Rückbindung von Evaluationsergebnissen. Vor dem übergeordneten Ziel der Erfassung und Bewältigung klimatischer Veränderungen nehmen die geowissenschaftlichen Einrichtungen an Hochschulen in Bangladesch eine sich weiter verstärkende Schlüsselposition ein. Der gewaltige gesellschaftliche Innovationsanspruch an die Geowissenschaften wird durch innovative und lösungsorientierte Ansätze aktueller Lehr- und Lernmethoden explizit aufgegriffen. Das steht im Kontrast zur bisherigen Lehr- und Lernpraxis in Universitäten und Schulen. Das ursprünglich kolonial geprägte Bildungssystem Bangladeschs wurde in den vergangenen Dekaden zwar inhaltlich und strukturell vielfältig weiterentwickelt, doch eine institutionell verankerte Didaktik- und Methodikausbildung existiert in Bangladesch bislang nur in beschränktem Umfang im Rahmen einer allgemeinen Pädagogikausbildung. Fachspezifisch ausgerichtete Didaktikangebote im Sinne einer modernen Fachdidaktik gibt es bislang nicht. Dieses Defizit wird vom *IES Teacher Training Project* aufgegriffen. Daher richtet sich das Projekt nicht nur an Studierende, sondern auch an Dozierende und Associated beziehungsweise Assistant Professors.

Abb. 1: Eindrücke aus einem Studienmodul in Bangladesch

Projektverlauf des *IES Teacher Training Project*

Das Projekt erstreckt sich über die Jahre 2012 bis 2015 und sieht einen Prozess der sich verstärkenden Vertrautheit der beiden Partner mit dem je anderen System vor. So richtet sich der Fokus des Projekts zunächst auf die Ausbildung von Multiplikatoren in beiden Partnerländern. Die unterschiedlichen Multiplikatorenteams arbeiten im Laufe der Projektjahre zyklisch in beiden Partnerländern. Ein Multiplikatorenteam besteht aus Studierenden und Lehrenden eines Landes, die gemeinsam ihre Erfahrungen aus dem Kontext der Partneruniversität in die Handlungskultur ihrer eigenen Universität mit einfließen lassen. Dabei partizipieren die Multiplikatoren in hohem Maße an der Alltagspraxis der Partneruniversität. Dies ist notwendig, um gerade das didaktisch-methodische Wissen über die unterschiedlichen Kontexte hinweg als

Handlungswissen zu transportieren. Dabei müssen die Multiplikatoren in die Lage versetzt werden, zunächst in beiden Wissenschaftskontexten zu handeln, und anschließend fähig sein, das am Partnerstandort situierte Wissen zu dekontextualisieren und am Standort der eigenen Universität wieder als Handlungswissen in den eigenen Kontext zu stellen. Ein so verstandener Wissenserwerb führt also durch eine Kombination von lokalen und globalen Strukturen zu einer lokalen Einpassung und Endogenisierung globalen Wissens. Gleichzeitig werden lokale Wissensbestände soweit generalisiert, dass sie global zugänglich werden (vgl. CASTELLS 2010). Die Lokalität der jeweiligen Universität wird somit zum Ort der Verarbeitung globalen Wissens. Beispielsweise werden Ansätze der in Freiburg erfahrenen handlungsorientierten Projektarbeit per Szenariotechnik in ein Theaterprojekt zu Resilienzstrategien und traditionellem Wissen im flutbedrohten Küstenraum Bangladeschs übertragen. Die wichtige Rolle der Universitäten für die Erhaltung bengalischer Sprache und Musik wird somit erhalten und mit neuem Wissen innovativ in Verbindung gebracht.

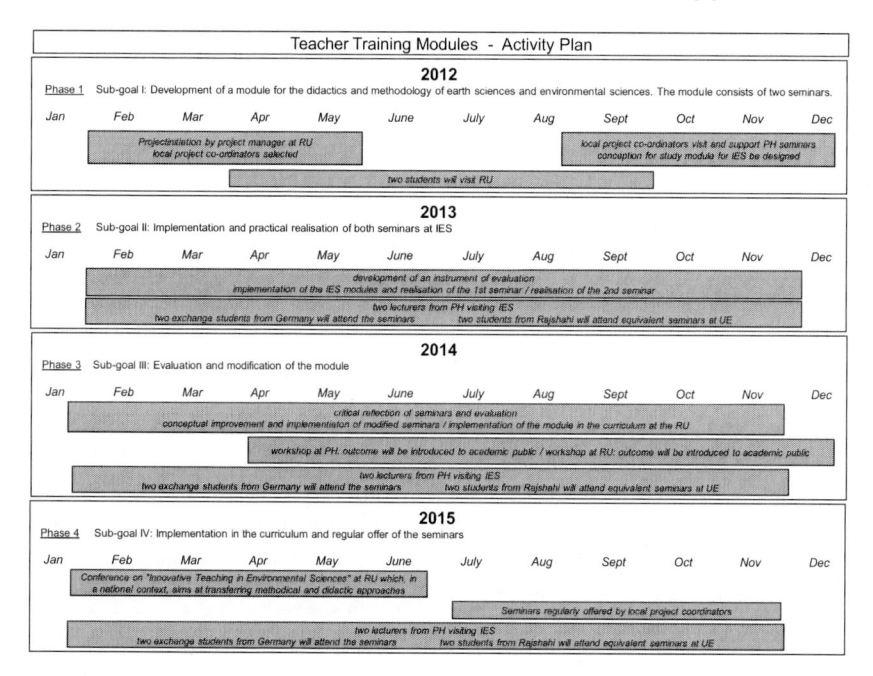

Abb. 2: Schematischer Überblick über den Projektverlauf

Grundlage für einen solchen Austausch von Handlungswissen über Kontext und Räume hinweg sind multi-kontextuelle Praktikergemeinschaften beider Standorte. Diese Praktikergemeinschaften richten ihren Blick auf die verbindenden fachwissen-

schaftlichen Themen der Geographien Südasiens und entwickeln dafür ein über die Kontexte hinweg für beide Partner gültiges und transferierbares Wissen im Bereich der Methodik und Didaktik der Geowissenschaften (vgl. WENGER, MCDERMOTT, SNYDER 2002).
Methodisches und didaktisches Wissen beruhen nicht zuletzt auf implizitem, oft unbewusstem Handlungswissen. Daher nehmen regelmäßige Reflexionen in den Praktikergemeinschaften für die Kommunikation und wachsende Professionalisierung der im jeweiligen Institut verinnerlichten Handlungslogik einen großen Stellenwert ein (vgl. NOELLE 2002).
Über die beschriebene kognitive Nähe der im Projekt engagierten Personen hinaus sollen die beiden Partnerinstitutionen über den Projektverlauf hinweg auch organisatorisch und strukturell zusammenwachsen. Nur so kann es gelingen, über die gegebene räumliche Distanz längerfristige gemeinsame Innovationen gestalten zu können. Demgemäß intendiert das Projekt im vierten Jahr seines Verlaufs die Implementierung der gemeinsamen Module in die jeweiligen Curricula der beiden Universitäten.

Evaluationsforschung

Das *IES Teacher Training Seminar* wird durch vielfältige Evaluationsmaßnahmen zur nachhaltigen Wirkung von internationaler Bildungszusammenarbeit im Bereich der Geographischen Hochschuldidaktik über den gesamten Projektverlauf hinweg begleitet. Die Evaluation erfolgt dabei auf drei Ebenen:
Zunächst dient sie summativ nach jeder Projektphase der Rückmeldung gegenüber den Förderern und Initiatoren des Projekts. Dabei ist vor allem von Interesse, inwiefern die Projektziele der einzelnen Phasen erreicht werden konnten.
Auf der zweiten Ebene dient die Evaluation als formativ in jährlichen Abständen erhobene Rückmeldung an die organisatorisch und gestalterisch Verantwortlichen der beiden Partnerländer. Diese Rückmeldung wird bewusst mit in die Praxis integriert und in der darauffolgenden Phase berücksichtigt. Sie dient neben der Erläuterung und Begründung möglicher Abweichungen vom Projektplan auch der regelmäßigen Ausrichtung auf sich entwickelnde oder bisher unbeachtete Bedürfnisse und Potenziale beider Partneruniversitäten, erforderlichenfalls auch durch Anpassung der Planung. Hierzu werden beispielsweise die durch qualitative Methoden untersuchten Erfahrungen der Teilnehmer an Workshops und Seminaren mit einbezogen (vgl. FLICK 2006). Daneben werden auch die Reflexionsergebnisse der Praktikergemeinschaften in diese zweite Ebene der Evaluationen integriert. Diese Ebene ist also über die projektorientierte Evaluation der ersten Ebene hinaus stärker prozess- und nutzenorientiert (vgl. BORMANN, STOCKMANN 2009).
Die dritte Ebene der Evaluation umfasst schließlich die Verwertung der Ergebnisse der ersten beiden Ebenen für induktive Erkenntnisse bezüglich der Gestaltung von hochschuldidaktischer Bildungszusammenarbeit am Beispiel der Geowissenschaften.

Diese übergeordnete Ebene nimmt insbesondere die Veränderung von kontext- und akteurbezogener Handlungslogik in Hochschuleinrichtungen im Zuge von internationaler Bildungszusammenarbeit in den Blick. Besonders die beschriebene dritte Ebene der Evaluation ist auch im Hinblick auf die in der Literatur bereits angesprochene Problematik eines nachhaltigen Erfolgs von Entwicklungszusammenarbeit von Bedeutung. CASPARI (2004) hat in ihrer Sekundärdatenanalyse zur Nachhaltigkeit von Entwicklungsprojekten die Dimensionen der Projekt-, Nutzen-, System- und Innovationsorientierung als bedeutend identifiziert. Die Innovationsleistung äußert sich dabei in der Kompetenz der Akteure, erworbenes Wissen in neue und sich verändernde Kontexte einzupassen. Sie ist unter den identifizierten Dimensionen die grundlegendste für den Erfolg von Projekten der Entwicklungszusammenarbeit

Die im *IES Teacher Training Project* eingebettete Untersuchung umfasst mit den drei Ebenen der Evaluation alle von Caspari identifizierten Dimensionen. Sie stellt sich vor dem Hintergrund des in diesem Beitrag dargelegten bildungsgeographischen Ansatzes internationaler Bildungszusammenarbeit die folgenden Fragen:

o Welches Innovationspotenzial birgt internationale Bildungszusammenarbeit hinsichtlich
  - der Weiterentwicklung von Methoden und didaktischen Theorien im Spannungsfeld unterschiedlicher Kontexte?
  - der Veränderung des Verhaltens der beteiligten Akteure durch die Synthese globaler und lokaler Handlungslogiken?
o Wie muss demzufolge internationale Zusammenarbeit in der Hochschulbildung inhaltlich und organisatorisch gestaltet werden, damit sie einen nachhaltigen und effektiven Beitrag zur Entwicklungspolitik leisten kann?

Das *IES Teacher Training Project* birgt somit über die engeren fachlichen und pädagogischen Aspekte hinaus weitergehende Erkenntnisse über die nachhaltige Gestaltung von Bildungszusammenarbeit durch international vernetzte universitäre Lehrerinnen- und Lehrerbildung.

Literatur:

BOHNSACK, R. (2007): Rekonstruktive Sozialforschung. Einführung in qualitative Methoden. Stuttgart.

BORMANN. A., STOCKMANN, R. (2009): Evaluation in der deutschen Entwicklungszusammenarbeit. Band 1 – Systemanalyse. Studie im Auftrag des Bundesministeriums für wirtschaftliche Zusammenarbeit und Entwicklung. Münster.

BUNDESMINISTERIUM FÜR WIRTSCHAFTLICHE ZUSAMMENARBEIT UND ENTWCKLUNG (BMZ) (2009): Wissen für Entwicklung: Hochschulbildung und Wissenschaft in der deutschen Entwicklungspolitik. Bonn.

CASPARI, A. (2011): Evaluation der Nachhaltigkeit von Entwicklungszusammenarbeit. Zur Notwendigkeit angemessener Konzepte und Methoden. Münster.

CASTELLS, M. (2010): Globalisation, networking, urbanisation: Reflection on the spatial dynamics of the information age. In: Urban Studies 47, H. 13, p. 2737-2745
ERICKSON, B., SIEBER, P.(2010): Internationale Zusammenarbeit in Bildungsfragen. Eine Festschrift für Markus Diebold. Zug.
FLICK, U. (2006): Qualitative Evaluationsforschung. Heidelberg.
KUJATH, H.-J., STEIN, A. (2011): Lokale Wissenskonzentration in den globalen Wissensräumen der Wissensökonomie. In: IBERT, O., KUJATH, H.-J. (HRSG.): Räume der Wissensarbeit. Zur Funktion von Nähe und Distanz in der Wissensökonomie. Wiesbaden.
MAHMUD, A. (1998): Understanding Bangladesh. Columbia University: London 2009
MEUSBURGER, P.: Bildungsgeographie. Wissen und Ausbildung in der räumlichen Dimension. Heidelberg.
NOELLE, K. (2001): Probleme der Form und des Erwerbs unterrichtsrelevanten pädagogischen Wissens. In: Zeitschrift für Pädagogik 48, H. 1, S. 48-67.
SIEBERT, P., LOTTENBACH, S. (2008): Nord-Süd-Partnerschaftsperspektivein der Lehrerinnen- und Lehrerbildung. Zug.
WEILAND, H., PRIWITZER, K., PHILIPPS, K. (HRSG.) (2011): Education in fragile contexts. Government Practices and Challenges. Freiburg.
WENGER, E., MCDERMOTT, R., SNYDER, W. (2002): Cultivating Communities of Practice. Harvard Business School Press: Boston.

Gießener Geographische Manuskripte

Herausgeber: Die Professoren des Instituts für Geographie der Justus-Liebig-Universität

Band 1:
Alexander Höweling (2010): Geographische Unterrichtsfilme auf DVD im Spiegel des moderaten Konstruktivismus – Untersucht an drei Fallbeispielen zum Thema Megacities. Aachen: Shaker Verlag.

Band 2:
Samuel Lüdemann, Marten Lößner (2010): Warum werde ich Geographielehrer? – Eine empirische Untersuchung zu den Berufswahlmotiven von Lehramtsstudierenden der Geographie an der Justus-Liebig-Universität Gießen. Aachen: Shaker Verlag.

Band 3:
Johann-Bernhard Haversath (Red.) (2011): Rumänien und Moldawien. Transformation, Globalisierung, Fragmentierung. Aachen: Shaker Verlag.

Band 4:
Sandra Schaarschmidt (2011): Wohnsituation der Studierenden. Zufriedenheitsstudie zu den Unterkünften am Beispiel der Universitätsstadt Gießen. Aachen: Shaker Verlag.

Band 5:
Taissija Slawinski (2012): Gentrification – Tendenzen und Entwicklungen der Aufwertung innerstädtischer Wohnviertel. Das Beispiel Gießen. Aachen: Shaker Verlag.

Band 6:
Carina Peter, Sybille Höweling (2012): Konstruktivistischer Geographieunterricht in der Praxis. Reconstruction Map und Förderung der Lesekompetenz. Aachen: Shaker Verlag